Célestin Bouglé

La sociologie de Proudhon

essai

ISBN : 978-1514266083

10 9 8 7 6 5 4 3 2 1

Célestin Bouglé

La sociologie
de Proudhon

essai

Table de Matières

Avant-Propos

On recommence à lire Proudhon. Chez les bouquinistes ses œuvres aujourd'hui font prime. *La Justice dans la Révolution et dans l'Église* et les *Contradictions économiques, La Guerre et la Paix* et la *Capacité politique des classes ouvrières* deviennent sujets de cours publics, sujets de thèses juridiques ou philosophiques, sujets aussi d'articles politiques. Pendant que des hommes de science restaurent pieusement les doctrines de l'auteur, des hommes d'action impatiemment les utilisent. Ses formules deviennent des mots de ralliement. Des groupes aujourd'hui prétendent incarner son esprit.

L'admirable est que ces groupes se trouvent dispersés aux quatre coins de l'horizon politique. Voici les théoriciens du syndicalisme révolutionnaire, les apologistes des violences régénératrices : la *Capacité politique des classes ouvrières* est leur dernier évangile, un évangile guerrier. Ils y lisent que le premier devoir des producteurs exploités est de se former en corps à part, avec une âme à soi, pour faire front contre le monde bourgeois ; ils révèrent en Proudhon l'inventeur de la seule philosophie dont puissent s'accommoder, suivant eux, les hommes d'action de la Confédération générale du Travail [1]. Au même moment, des réformistes nous assurent que la politique proudhonienne est au fond radicale-socialiste plutôt que socialiste : « plus exactement, c'est une politique d'union radicale et socialiste [2] ». Les morcellistes vont plus loin. Proudhon est à leurs yeux l'anti-collectiviste par excellence, et pour défendre le bien de famille qui leur est cher, nul plaidoyer ne leur est plus précieux

---

1 G. Sorel, *Réflexions sur la Violence*, Paris, Librairie de Pages libres, 1908. - Éd. Berth, *Les nouveaux aspects du socialisme*, Paris, Bibliothèque du Mouvement socialiste, VI, 1908. – M. G. Pirou, dans une thèse récente (*Proudhonisme et Syndicalisme révolutionnaire*, Rousseau, 1910), donne une bibliographie très complète des travaux de cette école.

2 A. Berthod, L'attitude sociale de Proudhon, p. 37 (extr. du Bulletin de la Société d'histoire de la Révolution de 48, janvier-février 1909). Voir, du même auteur, Les Tendances maîtresses de P.-J. Proudhon, dans la Revue socialiste, n° de février et de mars 1909. - Il est remarquable que, dans sa thèse sur L'Idée de l'État (Paris, Hachette, 1806), où il s'efforce de diminuer la distance entre le socialisme et l'individualisme, Henry Michel fait honneur de ses conclusions, pour une part, à l'influence proudhonienne (p. 411).

Célestin Bouglé

que l'un de ses testaments [1] : la *Théorie de la Propriété*. Marx avait donc raison ? Proudhon resterait finalement le petit bourgeois typique [2] ? Pour les socialistes de la nuance guesdiste cela ne fait pas de doute. Bien plus, ils s'acharnent à démontrer que Proudhon fut un « grand [viii] conservateur méconnu [3] ». Mais « conservateur », est-ce assez dire ? « Réactionnaire » serait plus juste. Proudhon n'a-t-il point passé son temps à réagir, avec l'énergie que l'on sait, contre l'entrainement démocratique ? C'est pourquoi, sans doute, il méritait d'être réhabilité comme un des « maîtres de la contre-révolution [4] ». Et l'on assure que dans les bureaux d'un journal royaliste, entre celle d'un pape et celle d'un prince, l'effigie de l'auteur de la Justice trône en effet à la place d'honneur [5].

C'est ainsi que Proudhon ressuscite : pour se multiplier. Au lieu d'un combattant, c'est plusieurs que nous voyons resurgir du sol. On les oppose l'un à l'autre. Et sitôt debout, comme dans la légende de Cadmus, les voici qui cherchent à se terrasser.

Que penser de ce singulier spectacle ? Que Proudhon, va-t-on nous souffler, a usé sa vie à se contredire. Il est donc assez logique que ses interprètes, aujourd'hui, se battent avec les morceaux de son œuvre. - Solution facile. Trop facile pour qu'on s'y résigne avant d'avoir éprouvé les autres.

Il est très vrai que Proudhon dresse un superbe monceau de

---

1 C. Sabatier, *Le Socialisme libéral, ou Morcellisme,* Paris, Giard et Brière, 1905. Voir dans la *Dépêche* de Toulouse ses articles du 17 juillet 1908 et du 17 janvier 1909.

2 Voir la lettre écrite par Marx au *Sozial-Demokrat* (janvier 1865) peu après la mort de Proudhon, reproduite dans l'édition française de la *Misère de la philosophie,* p. 253-273 (Paris, Giard et Brière, 1908).

3 Voir Ch. Rappoport, *P.-J. Proudhon et le socialisme scientifique,* p. 7, Paris, éd. du *Socialisme,* 1909. - En sens inverse, M. James Guillaume s'efforçait de montrer que Proudhon peut être aisément ramené au communisme *(Proudhon communiste,* dans *La vie ouvrière,* n° d'août-septembre 1911, p. 306-312).

4 Dans l'ouvrage qui porte ce titre, M. L. Dimier assure que dans l'œuvre de Proudhon toute une philosophie de contre-révolution s'ébauche, qui « découvre par endroits des membres achevés » (p. *282).* Il est vrai qu'au même moment M. P. Bourget persiste à déclarer qu'il a le génie de Proudhon « en une espèce d'horreur » (Enquête de la *Grande Revue,* 10 janvier 1909, sur *Le Centenaire de Proudhon,* p. 139).

5 C'est M. G. Guy-Grand qui rapporte ce trait, dans ses études sur *Le Procès de la démocratie* (Paris, Colin, 1911). L'Institut d'Action française aurait d'ailleurs fondé un « Cercle Proudhon ».

thèses antithétiques. Mais non par mégarde ni par impuissance. Émule de Hegel, sa méthode à lui aussi veut des antinomies. Il restera longtemps persuadé que les antinomies sont les indispensables conditions des synthèses. À travers les contradictions accumulées, il nous laisse donc le devoir de chercher la vérité d'ensemble.

Ajoutons que ce philosophe féru d'anti-thèses est en même temps un polémiste talonné par l'actualité. Il va de l'avant, courant comme les événements eux-mêmes, criant sa découverte du jour. A suivre comme il l'a fait, par une réflexion toujours penchée sur le fait nouveau, le mouvement de la vie publique sous toutes ses formes, - politique et économique, nationale et internationale, - l'étonnant serait que ses formules n'eussent pas varié.

Mais sous les variations que la diversité des circonstances explique, une même volonté, fidèle aux mêmes principes, n'est-elle pas à l'œuvre ? C'était du moins la prétention de Proudhon. Le même homme qui déclare qu'il ne se relit jamais, jetant ses feuillets au vent qui passe, laisse aussi entendre qu'il n'aurait que mépris pour son œuvre s'il y manquait l'unité.

Est-il donc impossible de retrouver l'unité profonde de la pensée proudhonienne, si complexe et si mouvante que cette pensée ait pu être ? Il faudrait, pour en décider, la suivre pas à pas dans son développement même, et assister au travail intime par lequel, dans un fonds d'expérience incessamment accru, elle cherche de quoi répondre aux problèmes que la vie lui impose. Peut-être alors s'apercevrait-on que Proudhon, malgré tant de traverses, ne cesse pas d'aimer le même idéal social, - bien plus, qu'une même solution économique le hante, dont l'obsession explique ses « réactions » diverses - et même que, jusqu'au bout, il conserve quelque chose des principes philosophiques qui lui servaient, dès le début, à justifier ses tendances.

Si l'on réussissait à dégager cet idéal, cette solution, ces principes, ne verrait-on pas s'ordonner autour d'eux, chacune à son rang, les différentes thèses que Proudhon a jetées dans la circulation ? On retrouverait du coup l'espoir de départager, sinon de réconcilier, ses héritiers-ennemis.

*

Célestin Bouglé

* *

En recherchant ainsi, dans l'œuvre de Proudhon, des centres de perspective, nous avons été amenés à étudier, d'un peu plus près qu'on ne le fait d'ordinaire, toute une partie de cette œuvre : sa partie proprement sociologique. Nous nous sommes aperçus qu'il existe une *Sociologie* de Proudhon, qui peut-être fournit la clef de beaucoup de ses thèses.

Proudhon, à vrai dire, n'emploie pas lui-même le terme. Il n'éprouvera pas le besoin de l'emprunter à Auguste Comte, après que celui-ci l'aura lancé. Mais tel qu'il est aujourd'hui consacré par l'usage, le terme convient parfaitement à certains chapitres de *La Justice dans la Révolution et dans l'Église,* ou des *Contradictions économiques,* ou de *La Guerre et la Paix.* Il y convient, non pas seulement dans le sens large qu'on lui maintient souvent encore - philosophie de l'histoire, réflexions sur les rapports de la vie économique avec la [xiii] vie politique, sur les droits respectifs de l'État et de l'individu, etc. , - mais dans le sens plus précis que lui réservent ceux qui s'efforcent de spécifier les théories sociologiques.

Quelque forme qu'elles prennent, nous appelons ainsi toutes celles qui impliquent en commun un certain postulat : la *réunion des unités individuelles engendre une réalité originale, quelque chose de plus et quelque chose d'autre que leur simple somme.*

Or de ce postulat nul penseur peut-être n'a usé plus largement que Proudhon. Et s'il ne nomme pas la sociologie, il ne cesse d'opposer, aux phénomènes purement individuels, la force collective, l'être collectif, la raison collective. Ne vaut-il pas la peine de chercher par quelles théories il justifie ces expressions ? Ainsi l'on comprendrait mieux peut-être l'attitude, si souvent difficile à définir, qu'il adopte vis-à-vis des diverses tendances philosophiques.

L'entreprise ne paraît pas avoir beaucoup tenté, jusqu'ici, les commentateurs [1]. Sans doute percevaient-ils plus ou moins nettement

---

1 Ni M. A. Muelberger *(P.-J. Proudhon Leben und Werke,* Stuttgart, Frommann, 1899), ni M. K. Diehl, qui pourtant consacre un chapitre spécial à la *Sozialphilosophie* de Proudhon *(P. -J. Proudhon, Seine Lehre und sein Leben,* Iéna, Fischer, I, 1888, II, 1890, III, 1896) n'accordent à ces théories l'attention qu'elles nous paraissent mériter. – M. G. Sorel, dans son *Essai sur la philosophie de Proudhon (Revue philosophique,* 1802, t. XXXIII, p. 622, XXXIV, p. 41), fait une brève allu-

les difficultés spéciales qu'elle présente. Une antithèse, en particulier, devait leur barrer la route : l'opposition classique entre le postulat sociologique et l'affirmation individualiste. Celle-ci n'implique-t-elle pas, de l'aveu commun, une philosophie sociale « atomiste », ou tout au moins « nominaliste », c'est à dire impliquant l'idée que les seules réalités dont on doive tenir compte sont les personnes distinctes ?

Or qui, plus vigoureusement que Proudhon, a affirmé la valeur réelle de l'individu ? Ne passe-t-il pas pour le père de l'anarchie même ? C'est avec ce titre et sous cet aspect, semble-t-il, que la plupart de nos contemporains ont appris à le connaître [1]. Lui-même déclarait rester avant tout l'homme de la liberté et de l'individualité. Et Louis Blanc lui reprochait de pousser ce culte jusqu'à la frénésie, jusqu'à se mettre « complètement en dehors du mouvement de ce siècle [2] ». Inversement, Proudhon reprochait à Louis Blanc de « contredire les tendances manifestes de la civilisation » : le vœu de celle-ci n'est pas qu'on subordonne la personne privée à la personne publique, mais au contraire que chaque âme humaine puisse devenir « un exemplaire de l'humanité tout entière [3] ». Avec des sentiments personnalistes aussi intenses, comment un réalisme social, sous quelque forme que ce soit, peut-il logiquement s'accorder ?

Que les deux tendances puissent ou non s'accorder logiquement, une chose en attendant est sûre : dans l'œuvre de Proudhon elles coexistent. Avec autant de véhémence qu'il affirme le prix de la personnalité, Proudhon insiste sur la réalité de l'être social. Les argu-

sion à l'unité que Proudhon prête à la Société-Prométhée dans les *Contradictions économiques*. Dans les *Quelques mots sur Proudhon (Cahiers de la Quinzaine*, 13e Cahier de la 2e série), où il relève les lacunes du petit livre consacré à *Proudhon* par M. Bourgin (Paris, G. Bellais, 1901), il ne signale pas l'importance des notions de force collective ou d'être collectif. M. Éd. Berth l'a mieux vue (*Nouveaux aspects du socialisme*, p. 44 et suiv., et plus récemment, dans la *Revue critique des idées et des livres* du 10 avril 1911, p. 16). Mais il ne montre que l'un des aspects de la sociologie proudhonienne, celui qui convient aux thèses syndicalistes. Dans leur *Histoire des Doctrines économiques* (Paris, Larose, 1909), MM. Gide et Rist notent incidemment, mais avec netteté (p. 337, 718), l'usage que fait Proudhon du réalisme social.

1 C'est le titre que donnait encore récemment M. Maurice Lair à une étude sur Proudhon, publiée dans les *Annales des Sciences politiques*, 15 septembre 1909, p. 588.

2 Questions d'aujourd'hui et de demain, III, p. 162.

3 Articles de la Voix du *peuple*, réunis dans les *Mélanges*, III, p. 22.

Célestin Bouglé

ments dont il se sert pour la démontrer comptent à ses yeux parmi les gains principaux de son effort intellectuel. Dans sa *Théorie de la Propriété* [1], lorsqu'il dresse le bilan des seize démonstrations « très positives » qu'il lègue au monde, lui qu'on traite de démolisseur, ne cite-t-il pas en première ligne une théorie de la force collective, « métaphysique du groupe », à laquelle il rattache sa théorie [xvii] de la nationalité et sa théorie de la division des pouvoirs ?

Il n'eut pas le temps d'achever le livre où il se promettait de tirer tout à fait au clair ces théories ; à plus d'une reprise, du moins, il s'y était essayé. *La Justice dans la Révolution et dans l'Église* réserve une large place, dans les études quatrième et septième, aux notions de puissance et de raison collectives. *Les Contradictions économiques* signalent les besoins en même temps que les pouvoirs propres à Prométhée, c'est-à-dire à la société considérée comme un être unique. Mais bien plus, dès son premier mémoire sur la *Propriété,* Proudhon exploite la distinction entre la force collective et la somme des forces individuelles : il ira jusqu'à déclarer que cette distinction est alors sa pensée fondamentale. C'est dire que, du commencement à la fin de son œuvre, la préoccupation sociologique est présente.

*

* *

Nous nous efforcerons, en nous arrêtant aux principales étapes de sa pensée, de dégager ce qu'elle doit à cette préoccupation. À suivre ce fil, peut-être rencontrerons-nous quelqu'une de ces idées centrales que nous cherchons, capables d'ordonner les thèses diverses que Proudhon soutient successivement. En tout cas, nous aurons contribué à remettre en lumière un aspect généralement oublié de cette œuvre si riche.

---

1 Pages 215 et 216.

Chapitre I
PHILOLOGIE ET THÉOLOGIE

Proudhon naît peuple et reste, peuple. C'est déjà une originalité notable : les grands réformateurs du XIXe siècle ont rarement subi, dans leur chair, la loi du travail manuel. Saint-Simon est un grand seigneur : ruiné comme enrichi il vit et pense en gentilhomme. Fourier grandit dans un monde de commerçants aisés. Marx est fils d'un honorable avocat. Proudhon est l'un des cinq enfants d'un garçon tonnelier et d'une cuisinière, petitement logés dans un faubourg de Besançon, entre ville et campagne. De bonne heure il aide ses parents, va chercher du bois pour les tonneaux, garde les bêtes aux champs. Boursier au collège, il n'a pas de quoi s'acheter des livres. Le jour même d'une distribution de prix, chargé de tous les lauriers scolaires, il voit ses parents perdre, dans un procès malheureux, le dernier champ de la famille. Comme Michelet, qui devait de son côté « poser la personnalité du peuple », il sera typographe. Son composteur en main, il connaîtra la volupté d'avoir un état. Mais il connaîtra aussi l'angoisse du chômage. « Vivre en travaillant ou mourir en combattant » : les sentiments qui arrachent ce cri terrible et pitoyable aux ouvriers lyonnais, Proudhon les apportes dans sa poitrine.

Dans ces expériences, sans doute, il faut chercher les sources de la passion égalitaire qui jaillit avec une irrésistible énergie des écrits de Proudhon [1]. Plus attaché aux paysans peut-être qu'aux ouvriers proprement dits il ne perdra jamais, du moins, le contact de la « plèbe travailleuse ». C'est cette autorité qu'il invoque, c'est le poids des instincts populaires qu'aux moments décisifs il jette dans la balance. Jusqu'à la fin, il restera fidèle à la mission qu'il s'est assignée adolescent : représenter, en face des privilégiés, ses frères

---

[1] Nous ne retenons de la vie de Proudhon que les traits qui nous paraissent de nature à éclairer la formation et l'évolution de sa philosophie sociale. On trouvera plus de détails dans le petit volume écrit par M. Droz à propos du centenaire de Proudhon (*P.-J. Proudhon*, Paris, Librairie de *Pages libres*, 1909) et dans ceux de M. A. Desjardins, où la Correspondance (14 tomes, édités par Lacroix en 1875) est soigneusement utilisée : *P.-J. Proudhon, sa vie, ses œuvres, sa doctrine*, 2 volumes, Perrin, février 1896). Pour la première période de la vie de Proudhon, l'étude la plus précieuse est toujours celle de Sainte-Beuve : *P.-J. Proudhon, sa vie et sa correspondance* (1838-1848), Paris, Calmann-Lévy, 1877.

Célestin Bouglé

de travail et de misère.

Au service de ces « frères et compagnons » dont le dénuement l'obsède, Proudhon ne mettra pas seulement une farouche énergie, trempée par des expériences personnelles, mais la mieux munie, la mieux ornée des intelligences. Il se vantera lui-même de partir armé jusqu'aux dents contre la civilisation. Il est d'abord armé par une forte culture classique. Cet humble industriel, comme il dit, est aussi un humaniste accompli. Obligé de gagner sa vie, il poursuit avec acharnement les études qu'il a commencées au collège. Après avoir été le modèle des forts en thème, il devient le type du prote autodidacte. Il dévore, avec une sorte de gloutonnerie intellectuelle, tous les livres qui lui tombent sous la main. Après le grec, il apprend tout seul l'hébreu. Ses meilleurs amis sont des philologues. Lorsque la pension Suard lui permet de parfaire son instruction à Paris, il ne se contente pas de suivre avec une sympathie critique nombre de cours à la Sorbonne, au Collège de France, au Conservatoire des Arts et Métiers.

Il utilise la Bibliothèque Mazarine avec une persévérance qui étonne et attire le bibliothécaire. Sa mémoire s'enrichit ainsi d'une quantité de textes qui viendront à Point nommé s'enchâsser dans ses écrits. Qu'on relise ses fameux couplets sur son « existence crottée de petit paysan » : une citation de Sophocle en fournit le thème final. Aux impressions profondes qu'a laissées en lui la nature, ses souvenirs de lettre se mêlent sans effort.

Proudhon aime à rappeler qu'il est dans la république des lettres une manière d'envahisseur, un hors-venu, un barbare. Mais c'est un barbare qui a de l'érudition. Il conserve ce rare privilège d'être cultivé autant qu'il est passionné. Pour rendre clair à tous les yeux l'idéal de dignité qui, selon lui, traverse obscurément les rêves du peuple, il ne manquera pas d'évoquer la cité hellénique. Plus souvent encore, pour appeler le règne de la justice sur la terre, il empruntera les images, il retrouvera les accents des prophètes d'Israël.

*

* *

À rassembler et à confronter tant de textes de langues différentes, Proudhon ne prend pas seulement des habitudes d'humaniste, il se crée une compétence de linguiste. C'est par le chemin de la grammaire comparée qu'il arrive à la philosophie. La maison Gauthier, où il était employé, réimprimant les *Éléments primitifs des langues découverts par la comparaison des racines de l'hébreu avec celles du grec, du latin et du français,* Proudhon publie en annexe un essai de grammaire générale. De l'essai sort un mémoire qui fut présenté à l'Institut en 1839 pour le prix Volney, sous ce titre : *Recherches sur les catégories grammaticales et sur quelques origines de la langue française.* Une mention honorable lui fut accordée. Le rapporteur, tout en louant l'ingéniosité de certaines analyses, regrettait que l'auteur, abusant des conjectures, ne fût pas resté plus fidèle à la méthode expérimentale. Dès ce moment, les plus hautes ambitions métaphysiques font frémir l'esprit impatient de Proudhon. Sainte-Beuve note dans le *Mémoire* cette sorte de défi farouche, qui annonce qu'un « Prométhée intellectuel » est né : « Dussions-nous n'assister jamais à une nouvelle aurore de l'indéfectible vérité, il serait beau de témoigner que nous sentons nos ténèbres, et par le cri de notre pensée de protester contre le destin ».

Mais le plus remarquable, c'est la confiance que Proudhon accorde alors à la science des mots. Par elle il croit pouvoir, non seulement démontrer l'unité d'origine des races humaines, mais retrouver toutes sortes de vérités primitives. Elle est vraiment à ses yeux comme l'organe d'une seconde révélation. « L'origine du langage une fois expliquée doit donner le principe des connaissances humaines. » Il se vante de poursuivre l'œuvre de son ami Fallot - celui qui l'avait découvert à l'imprimerie Gauthier et qui lui disait sur son lit de mort : « Jurez-moi que vous m'immortaliserez » - en appliquant la grammaire à la métaphysique et à la morale, et en déterminant, d'après l'origine et les procédés du langage, la source et la filiation des croyances humaines. « Que dirait-on, écrit-il dans une lettre à Muiron, si je soutenais qu'un jour l'étude du langage et de la physiologie nous rapprochera tellement de Dieu que nous croirons le voir et le toucher [1] ? » En termes moins mystiques, il déclarera plus tard que « la philosophie doit ressortir des antiquités du langage et de la mythologie [2] ».

Invinciblement ce programme fait penser à celui d'un autre filius *fabri* qui va lui aussi commencer, quelques années plus tard,

---

1 *Correspondance*, tome I, p. 11.
2 Lettre à M. Gauthier, 9 avril 1838. *Correspondance*, tome I, p. 46.

Célestin Bouglé

sa conquête du monde intellectuel : Ernest Renan. Tout séparera dans la vie ces deux plébéiens devenus hommes de lettres. Le Breton fait singulièrement plus de concessions au monde. Il s'avoue de plus en plus aristocrate. Et l'esprit des dilettantes alexandrins finit par parler plus haut, chez fui, que la conscience des prophètes hébreux. C'est dire qu'entre lui et Proudhon les distances vont croissant. Il n'en reste pas moins qu'ils font leurs premiers pas sur le même sentier. Renouveler la métaphysique par la philologie, c'est l'ambition commune aux *Recherches sur les catégories grammaticales* et à l'A*venir de la Science.*

Un autre trait apparente ces deux étudiants de génie : en même temps que la philosophie du langage, la « philosophie sacrée » est leur premier aliment. Beaucoup plus nettement que Renan, Proudhon prendra position contre la religion. Il déclarera brutalement la guerre à Dieu. Il n'aura pas les douces manières d'embaumeur dont le séminariste émancipé sait user vis-à-vis des croyances mortes. Il apparaîtra comme le penseur par excellence a-religieux, sinon irréligieux. De tous les partis qui se réclament de lui à l'heure actuelle, nul n'y a plus de droits que le parti anticlérical. Mais comme tant d'autres penseurs au XIXe siècle, avant de se dresser contre la tradition théologique, la pensée de Proudhon se forme au sein de cette tradition même. On croira longtemps, de lui aussi, qu'il a été séminariste. Il aurait pu l'être, dit-il lui-même, tant les Livres Saints lui étaient familiers. Proudhon est en effet l'un des rares écrivains français qu'on sente imprégné de la Bible. Verset par verset, il l'avait annotée. Il avait presque rédigé une vie de Jésus lorsque parut celle de Renan. Et l'un de ses premiers projets avait été d'amasser des matériaux pour une histoire des Hébreux qui « servirait de confirmation à ses théories philosophiques ».

À quelle époque, sous quelles influences le jeune Proudhon se détacha-t-il des croyances traditionnelles ? Il est difficile de le préciser. Il a raconté lui-même comment une plaisanterie d'un de ses cousins, au milieu d'une prière faite en famille, le troubla au point qu'il ne put jamais plus prier du fond du cœur. Dans sa requête à l'Académie de Besançon, il laisse entendre qu'il a été dérouté, plus que confirmé dans ses croyances, par les arguments métaphysiques qu'on voulait faire servir à la démonstration de l'existence ou à l'explication des attributs de Dieu. Se sentant appelé à

« devenir un apologiste du christianisme » il veut lire le pour et le contre [1]. Mal lui en prend. Dans l'ardente fournaise de la controverse, sa foi s'évapore. Il va d'hérésie en hérésie. Il tombe dans le découragement.

Mais il reste persuadé, à cette période de sa vie, qu'il se cache dans la tradition chrétienne un trésor de vérités éternelles. Et il borne son ambition à découvrir la philosophie première dont les dogmes sont comme autant de traductions mutilées. Ce devait être l'objet d'un livre qu'il annonce sous ce titre : *Recherches sur la révélation, ou philosophie pour servir d'introduction à une histoire universelle.* Nous vivons au milieu des débris d'un temple : gloire à qui en reconstituera le plan primitif [2]. Dès lors, les vérités religieuses pourront être enfin *démontrées : et* la philosophie traditionnelle deviendra une « science exacte ».

Dès ce moment, le souci de constituer une science exacte des choses humaines tourmente Proudhon. Et il se rend compte lui-même que ce souci le mènera loin. Vouloir rendre la religion *raisonnable,* c'est déjà dominer la religion, c'est bientôt s'en libérer. Voilà pourquoi dès ce moment Proudhon peut écrire : « Très certainement il ne s'imprimera jamais une ligne de moi qui ne tende, de près ou de loin, à détruire le Christianisme tel que l'ont fait les Théologiens [3] ». On dirait qu'il pressent ici, dès l'éveil de sa réflexion, sa longue carrière d'iconoclaste.

Mais, dans toute cette carrière, ne gardera-t-il pas un souvenir du temps où il poursuivait des recherches sur la révélation ? Le rêve du temple à reconstituer ne l'abandonnera jamais. Retrouver le plan primitif dont quelques lignes seulement sont données, c'est sa constante préoccupation. Il continue de croire à l'existence d'un corps de vérités éternelles qui dominent le monde.

Comment ce corps se révèle-t-il aux hommes ? C'est ce point que la pensée de Proudhon s'efforcera de préciser. Et c'est en le précisant qu'il s'éloignera le plus de la tradition religieuse. Il admettra que les vérités éternelles se découvrent petit à petit, par les tâtonnements, par les efforts, par le progrès des hommes. Il n'invitera plus ceux-ci à se retourner vers leurs origines. Il opposera la révélation par

1 *Correspondance,* tome I, p. 27. Lettre aux membres de l'Académie de Besançon.
2 *Correspondance,* tome I, p. 48.
3 *Correspondance,* t. I, p. 14.

Célestin Bouglé

l'évolution à la révélation soudaine, la révélation par en bas à la révélation d'en haut. Mais il maintiendra qu'il y a quelque chose à révéler. Il y a comme un livre où seraient inscrites les conditions rationnelles de l'équilibre, un système *d'idées* enfin autour duquel oseille l'histoire. En ce sens, nous pourrons parler d'un platonisme de Proudhon. Et peut-être ses premières méditations sur la tradition chrétienne expliquent-elles la persistance, dans son œuvre, de ce penchant idéaliste.

*
* *

Mais c'est surtout dans le Discours sur *la célébration du Dimanche,* en 1839 [1], que se dessinent avec une netteté singulière, en même temps que sa vocation sociale, les traits du tempérament sentimental et intellectuel de Proudhon. Le sujet avait été mis au concours par l'Académie de Besançon. Proudhon obtient une médaille. Mais déjà il inquiète, il effarouche, il scandalise. Et à ses yeux c'est tout bénéfice. Owen et Sismondi avaient appelé l'attention sur les avantages sociaux de la célébration du dimanche. Proudhon reprend le même thème, mais sur un autre ton. Il n'évoque la sagesse de Moïse que pour lui prêter un accent révolutionnaire. Les républicains sont quelque peu étonnés du patron qu'il a choisi. Plus soupçonneux encore, les cléricaux ont reconnu les idées subversives qu'il veut faire passer sous le pavillon théologique. Ils aperçoivent, sous la toison de l'agneau, l'oreille du loup. Dans le diocèse de Besançon - Proudhon ne l'annonce pas sans joie - le clergé arrête la vente de la brochure.

Quand il la réimprimera, Proudhon insistera complaisamment sur l'habile audace de sa tactique. Il se vantera d'être arrivé le premier au tombeau de la religion. En dégageant les raisons *humaines* de, la célébration du dimanche, il a fait comprendre au peuple, par un exemple, « comment il se peut qu'une religion soit fausse et le contenu de cette religion vrai en même temps ». Nulle opération n'est plus dangereuse, laisse-t-il entendre, que ces justifications rationnelles des traditions consacrées. Où la raison prend un pied, toute la maison bientôt est à elle. « Transformer ainsi une religion,

---

1 Publié au t. II des *Oeuvres complètes.* Saut indication contraire, nous nous référons à la « nouvelle édition », publiée par Lacroix et Cie, de 1865 à 1870.

c'est l'abolir [1]. »

Dans tous les cas, il reste vrai que Proudhon a trouvé moyen, en commentant les volontés de Moïse, d'expliquer clairement ses tendances propres. Et l'on ne s'étonne pas qu'il ait pu dire, plus tard, que ce premier discours contenait tout son programme.

Le moraliste, d'abord, qui se donnera libre carrière dans les études sur la Justice, laisse percer ici ses goûts et ses préoccupations. Que la vie intérieure soit nécessaire à l'action, et l'action à la vie intérieure, c'est déjà un thème esquissé dans le Discours. Le repos dominical y est loué parce qu'il permet à l'homme, dans toutes les conditions, de « ressaisir sa dignité » et de sentir dans le recueillement « la vertu bondir sous sa poitrine ». « Que de dévouements héroïques et de sacrifices déchirants furent intérieurement consommés dans ces monologues inexprimables des jours saints ! Que de hautes pensées, de magnifiques conceptions descendirent dans l'âme du philosophe et du poète ! Que de résolutions généreuses furent prises ! » Proudhon cite alors le choix d'Hercule optant contre la volupté pour la vertu, et il ajoute : « Malheur à qui n'a pas eu la même vision ! » L'écrivain ici fait sans nul doute un retour sur le vœu qu'il a prononcé lui-même, et tant de jeunes gens avec lui, ambitieux de régénérer la nation. Il se représente avec complaisance la petite troupe de Franc-Comtois décidés qui partent, forts de leur énergie morale, à la conquête du monde. Il rêve d'être le réformateur attendu qui se lèvera du milieu de ses frères, pour convertir et châtier [2].

Mais pourquoi la société d'aujourd'hui mérite-t-elle d'être châtiée, pourquoi a-t-elle besoin d'être convertie, sinon parce que la loi d'égalité n'y est pas respectée ? Que l'on continue à enfreindre cette loi, les plus sinistres prophéties sont permises. « L'opulence et la misère, compagnes inséparables, croîtront dans une progression sans fin ; la grande propriété envahira tout ; le paysan ruiné vendra son héritage ; et quand il n'y aura plus que des maîtres et des fermiers, des seigneurs et des serfs, les premiers donneront aux seconds des habits, un logement et du pain, et ils leur diront : Voyez combien vous êtes heureux ! Qu'est-ce que la liberté et l'éga-

---

1 Célébration du Dimanche, p. 120.
2 *Célébration du Dimanche,* p. 160 et suiv. La lettre du 20 août 1838 *(Correspondance, I,* p. 56) exprime les mêmes sentiments.

Célestin Bouglé

lité ? Vive l'harmonie ! - En ce temps-là les talents futiles et les arts de luxe seront récompensés sans mesure... L'ignorance et l'abrutissement des prolétaires seront au comble : on ne les empêchera pas de s'instruire, niais ils ne pourront vivre sans travailler, et quand ils ne, travailleront pas, ils ne mangeront rien [3]. » Il semble que Moïse, plus prudent que les modernes, ait voulu par sa législation prévenir ces désastres. Il spécifie que la loi du repos hebdomadaire est promulguée pour tout le monde, aussi bien pour le serviteur et la servante que pour le maître. Et il règle le régime de la propriété de manière que personne ne soit obligé, pour vivre, de vendre son travail le septième jour.

En admirant cette sagesse, Proudhon laisse voir à plein ses préférences et ses répugnances personnelles : il prend déjà position entre les réformateurs. Son souci de l'indépendance pointe. Et l'attitude intermédiaire à laquelle il s'arrêtera, - à égale distance des économistes et des communistes -, est assez bien définie par cette formule : trouver « un état d'égalité sociale qui ne soit ni communauté ni despotisme, ni morcellement, ni anarchie, mais liberté dans l'ordre et indépendance dans l'unité [4] ». Par-dessus tout éclate, dès lors, ce qu'il appellera son enthousiasme de l'égalité. Avec, une irritation mal contenue il se retourne contre ceux qui, tout en critiquant l'organisation économique actuelle, conservent la manie des distinctions et le respect des hiérarchies. On sent déjà quel agacement lui font éprouver les systèmes des Saint-Simoniens et des Fouriéristes, qui restent aristocratiques. Il est heureux d'opposer les paraboles du fils du charpentier à leurs paraboles, et de démontrer « l'immoralité flagrante de toutes ces théories de répartition proportionnée au mérite et à la capacité, et croissant ou diminuant suivant le capital, le travail ou le talent ». Comment leurs auteurs n'ont-ils pas vu que la seule parité des penchants et des facultés, don de Dieu, est la suffisante preuve qu'il veut pour tous les hommes le droit de vivre et de se développer entièrement ? Comment n'ont-ils pas compris, surtout, ce qu'avait signifié l'Évangile par l'apologue des travailleurs de la onzième heure - à savoir que toute inégalité de naissance, d'âge, de force ou de capacité s'anéantit devant le droit de produire sa substance ? « Les différences d'aptitude ou

---

3 Célébration du Dimanche, p. 190.
4 Célébration du Dimanche, p. 151.

d'habileté dans l'ouvrier, de quantité ou de qualité dans l'exécution disparaissent dans l'œuvre sociale, lorsque tous les membres ont fait leur pouvoir, parce qu'alors ils ont fait leur *devoir*... La disproportion de puissance dans les individus se neutralise par l'effort général [1]. »

La manière adoptée par Proudhon, dans cette dernière argumentation, pour démontrer l'égalité des droits est à noter : c'est déjà une manière « solidariste ». Aux individus qui réclament des privilèges pour leur supériorité, il rappelle que l'homme reçoit toujours plus de la société qu'il ne saurait lui rendre. Il les accuse de méconnaître le fait de la production collective. La notion de la *force collective*, qui va servir de centre à la sociologie de Proudhon, n'est pas encore explicitement formulée ici [2]. En revanche le régime familial y prend une place qu'il ne gardera pas : Proudhon ne continuera pas à voir dans le droit domestique la « base du droit civil [3] ». Il continuera du moins, alors même qu'il justifiera l'individualisme, à s'efforcer d'en contrarier, par des raisonnements à tendances sociologiques, les conséquences anti-égalitaires.

C'est peut-être en ce qui concerne la question de la propriété que le Discours fait le plus clairement pressentir les *Mémoires* qui vont le suivre. Proudhon ne se lasse pas d'admirer les diverses dispositions de la loi mosaïque qui obligent tout enfant d'Abraham à conserver son patrimoine et l'empêchent d'accaparer celui des autres. « Chacun devait pouvoir, dans la prospérité générale, manger sous sa vigne et sous son figuier : il n'y avait ni grandes exploitations, ni grands domaines [4] ». On voit poindre ici l'idéal qui demeurera celui de Proudhon : la petite propriété agraire universalisée, - cinq hectares pour chaque famille, - ce sera toujours, à ses yeux, le remède à tous les maux de la société. Mais pour que cet idéal devienne réalité, encore faut-il que les formes de la propriété monopoleuses, exclusives, envahissantes, ne puissent se développer. C'est contre elles que Proudhon partira en guerre dans son *Qu'est-ce que la propriété ?* Dès le Discours il les dénonce. Si

1 Célébration du Dimanche, p. 148.

2 Il accuse seulement Saint-Simoniens et Fouriéristes de méconnaître le « fait de production collective, unique sauvegarde contre l'exagération de toute supériorité relative ». (*Célébration du Dimanche*, p. 148.)

3 *Ibid.*, même page.

4 Célébration du Dimanche, p. 143.

Célestin Bouglé

la formule fameuse « la propriété c'est le vol » n'y explose pas encore, tout en prépare l'explosion. En s'abritant derrière l'autorité du Décalogue, le commentateur trouve moyen d'assimiler au vol même les abus de la propriété. « Tu ne voleras pas, dit le Décalogue, c'est-à-dire, selon l'énergie du terme original, *lo thignob*, tu ne détourneras rien, tu ne mettras rien de côté pour toi. L'expression est générique comme l'idée même. Elle proscrit non seulement le vol commis avec violence et par la ruse, l'escroquerie et le brigandage, mais encore toute espèce de gain obtenu sur les autres sans leur plein acquiescement. Elle implique, en un mot, que toute infraction à l'égalité de partage, toute prime arbitrairement demandée et tyranniquement perçue, soit dans l'échange, soit sur le travail d'autrui, est une violation de la justice commutative, est une concussion [1] ». Et déjà, quand il entrevoit les conséquences de, cette injustice, Proudhon s'emporte, il commence à accumuler les qualificatifs violents : « Je voudrais seulement prouver à tous monopoleurs de travaux, exploiteurs de prolétariat, autocrates ou feudataires de l'industrie, cumulards et propriétaires à triple cuirasse, que le droit de travailler et de vivre, rendu à une foule d'hommes qui n'en jouissent pas, quoi qu'on dise, serait de la part des bénéficiaires non pas une gratification, mais une restitution [2] ».

*

* *

Mais plus encore que par ses réquisitoires égalitaires, plus que par ses théories juridiques ou économiques, c'est par sa conception générale de la science que le discours sur *la célébration du Dimanche* est révélateur de l'état d'esprit de Proudhon. La révolution, pour être définitive, doit être une révolution philosophique, qui porte sur la façon même dont les hommes conçoivent le monde. Le réformateur qui doit venir ne changera rien aux mœurs, s'il ne change d'abord les idées. « Pour guérir le cœur, il faut corriger le cerveau. » Proudhon fera honneur de ce, programme à Jouffroy, qu'il avait commencé à fréquenter. Ce qu'il y a de sûr, c'est que, son ambition intellectuelle l'apparente dès lors à l'adversaire le plus méthodique du spiritualisme. Sur plus d'un point les idées de Proudhon rencontreront celles d'Auguste Comte. Si différents que

1 Célébration du Dimanche, p. 149.
2 *Ibid.*, p. 145.

Chapitre I

soient leurs tempéraments et si divergentes leurs conclusions, il arrive plus d'une fois que leurs efforts conspirent. Dès cette première période, - dix-sept ans après que le disciple de Saint-Simon, dans le *IIIe Cahier des industriels*, a dressé le plan qu'il devait si ponctuellement exécuter -, Proudhon, lui aussi, avertit les hommes que l'heure a sonné de construire une science sociale susceptible d'évidence et par conséquent objet de démonstration ; une « certitude politique » est désormais « possible et indispensable [1] ». Dans le monde nouveau la justice apparaîtra comme la fille de la vérité.

Cette foi de Proudhon dans la science sociale explique le genre d'anarchisme qui lui est particulier. Anarchisme ne signifie nullement, à ses yeux, mépris de toute loi, mais attachement aux lois éternelles, aux lois vraies des sociétés. Il existe des conditions impératives de l'ordre social. La raison les peut découvrir. Quelle folie dès lors de se fier à l'arbitraire des princes, ou aussi bien à celui des masses ! A la seule *science,* il appartient de régner sur l'humanité.

Par cette confiance, Proudhon entend se distinguer d'un philosophe dont le souvenir ne cesse pas d'être présent à sa pensée, - de Rousseau.

Lorsqu'il démontre la nécessité de l'égalité des conditions, Proudhon ne manque pas d'évoquer l'auteur du *Contrat social :* comme lui un plébéien, comme lui un barbare, comme lui un envahisseur irrespectueux. Il est visible que la secrète ambition du typographe est de continuer, l'œuvre du fils de l'horloger. De la continuer mais en la rectifiant, et sur plus d'un point en contrariant son influence. Plus d'une fois, c'est en s'opposant à celui de Rousseau que se pose le moi de Proudhon. En particulier, il lui reprochera, dès la *Célébration du Dimanche,* la manière dont il se représente l'origine des lois. Le *Contrat social* montre dans celles-ci le produit artificiel d'une convention, œuvre elle-même des volontés coïncidentes. Conception destructive de tout ordre. On ne peut gagner aux lois un assentiment à la fois universel et spontané qu'en raisonnant d'après le rapport des choses. Il fallait comprendre qu'on n'a pas ici à *inventer,* mais à *découvrir.* Montesquieu était plus près de la vérité que Rousseau, précisément parce qu'il croyait à une vérité indépendante des volontés humaines. La loi n'est l'expression ni d'une volonté unique ni d'une volonté générale : elle est « le rapport

1 Célébration du Dimanche, pp. 133, 183.

Célestin Bouglé

naturel des choses, découvert et appliqué par la raison [1] ».

Mais de quelle nature sont ces rapports mêmes ? Il n'est pas douteux que Proudhon, à cette époque de sa pensée, les regarde comme étant des rapports mathématiques. Il restera longtemps obsédé par cette ambition de créer une sorte d'algèbre, qui serve de clef à la science sociale. Nous laissions entrevoir qu'il existe un platonisme de Proudhon. C'est un platonisme pythagoricien qu'il faudrait dire. Le système des idées éternelles dont il ne cesse de rêver est gouverné par le nombre et la mesure. C'est ce qu'il exprime dans la *Célébration du Dimanche* avec un enthousiasme nuageux qui prouve qu'il a eu sa part, lui aussi, de ce mysticisme mathématique dont les esprits de tant de réformateurs ont été touchés, chacun d'eux rêvant d'être le Newton de la science sociale.

Sur ce point comme sur bien d'autres, il reste plus près qu'il ne pense de son compatriote Fourier, qui venait, à l'imprimerie où travaillait le typographe philosophe, chercher les épreuves de son *Nouveau monde industriel*. Proudhon, faisant allusion aux rêveries systématiques de Fourier, déclare qu'il est temps de substituer, pour construire la science sociale, l'observation à l'imagination. Mais dans la classification des sciences qu'il esquisse, il est préoccupé de montrer qu'elles forment une gradation ascendante, « dans toute l'étendue de laquelle les formules mathématiques doivent trouver leur application ». « Il y a donc une science des sciences, une philosophie de l'Univers dont le nombre, c'est-à-dire le rythme, la série est l'objet. » Et le plus grand mérite de Moïse, c'est peut-être d'avoir pressenti cette *harmonique transcendantale* [2].

Les conditions de l'équilibre, définies par cette connaissance des nombres recteurs, pourquoi l'humanité met-elle tant de temps à les retrouver ? En posant cette question, Proudhon laisse entendre que, pour y répondre, une philosophie de l'histoire serait néces-

---

1 *Célébration du Dimanche*, p. 144, 189.
2 *Célébration du Dimanche*, p. 175. Cf. *Correspondance*, t. I, p. 178. Lettre du 9 février 1840. Proudhon y écrit, en parlant de Jouffroy : « Comment un pareil être comprendrait-il que je cherche pour les problèmes de la morale, de la société, de la métaphysique des méthodes de solution infaillibles, analogues aux méthodes des géomètres ? Comment croirait-il à cette vérité, pourtant bien simple, que les lois de l'arithmétique et de l'algèbre président aux mouvements des sociétés comme aux combinaisons chimiques des atomes, que rien dans le monde moral, comme dans le monde mécanique, ne se fait *sine pondere et numero et mensura* ? »

saire. C'est cette philosophie qu'il va esquisser dans ses mémoires sur la *Propriété* et dans son essai sur la *Création de l'ordre*. Et c'est là que va apparaître plus clairement, après ce que nous avons nommé l'aspect platonicien, ce qu'on peut nommer l'aspect évolutionniste de sa pensée.

Mais alors même qu'il construira sa théorie de la révélation progressive, Proudhon - c'est l'un des traits qui le distinguent le plus nettement de Marx - gardera une place à cet apriorisme idéaliste dont ses premiers essais de philologue et de théologien sont imprégnés.

Célestin Bouglé

Chapitre II
LES MÉMOIRES SUR LA PROPRIÉTÉ

« La propriété, C'est le vol » ; c'est par ce coup de pistolet que
Proudhon, en 1840, entre en scène. Du jour au lendemain il est
classé. Tous les hommes d'ordre le regardent comme leur adversaire
personnel. Ils conserveront pendant des années le souci d'écraser
de leurs arguments ou de leurs injures ce nouvel Érostrate. En attendant, l'Académie de Besançon le maudit, le gouvernement s'efforce de lui fermer la bouche. Un instant arrêté par l'intervention
de l'économiste Blanqui, l'action publique s'abat, après la *Lettre à
Considérant,* sur la tête de Proudhon. Le jury de Besançon l'acquit-
tera d'ailleurs, après avoir entendu avec étonnement une disserta-
tion que l'accusé rend abstruse à plaisir. Pendant ces deux années,
Proudhon ne fera guère autre chose que défendre, expliquer, préciser, contre les uns ou les autres, ses théories sur la propriété [1].
Philologue et théologien hier, le voici brusquement lancé dans le
monde du droit et de l'économie politique. Il n'a garde d'y perdre,
d'ailleurs, ses préoccupations de philosophe. Ses mémoires sur la
propriété ne sont à ses yeux que les pierres d'attente d'un monument, les fragments d'un système. Il reste obsédé par l'espoir de
découvrir *l'idée* destinée à parfaire la révolution. Ce ne sont pas
seulement des arguments contre la propriété qu'il pense fournir à
ses contemporains, mais beaucoup plus et beaucoup mieux : une
méthode de pensée, applicable à tous les problèmes posés par le
mouvement de l'histoire. C'est cette méthode surtout qu'il nous
importe de définir.

*
* *

Le premier mémoire de Proudhon produisit grande impression,
semble-t-il, sur les contemporains. Effrayés ou attirés, beaucoup
se rendirent compte que ce pamphlet marquait une date. La meilleure preuve en est dans l'attention que lui accordent les jeunes

---

1 Qu'est-ce que la propriété ? - Lettre à M. Blanqui, professeur d'économie politique au Conservatoire des Arts et Métiers, sur la propriété. - Avertissement
ou recherches sur le principe du droit et du gouvernement aux propriétaires, ou
lettre à M. Victor Considérant, rédacteur de la Phalange, sur une défense de la
propriété (tomes I et II des Oeuvres complètes).

philosophes allemands qui viennent en France tâter le pouls de la Révolution, et essayer, entre les génies des deux peuples, comme des transfusions d'idées. On sait - Sainte-Beuve y a insisté [1], - la sympathie enthousiaste que Karl Grün éprouve pour l'étudiant en sabots, qu'il va voir dans sa chambre de la rue Mazarine. Esprit libéré, caractère entier, tête carrée, ce Jurassien lui fait l'effet d'un Allemand de race. Il est digne de l'Allemagne. Il est capable de la comprendre. Il combine la méthode scientifique avec l'instinct prolétaire. Et ainsi, par son entremise, « la conscience de soi du prolétariat arrive à la vie [2] ». Il bat les défenseurs de la bourgeoisie avec leurs armes. Il apparaît au milieu des économistes et des juristes comme un lion au milieu des gazelles, comme un loup au milieu des moutons [3]. Moins prompt au lyrisme, L. Stein se plaît pourtant à saluer en Proudhon l'incarnation de cette idée d'égalité qui, selon lui, depuis 1789, tourmente la France, et la presse de compléter la révolution politique par la révolution économique. Il fallait que la question du droit d'appropriation individuelle fût nettement, brutalement posée. Proudhon est celui qui ose. Son instinct de prolétaire pousse l'esprit critique à son maximum. Il est « la critique devenue vivante de la propriété personnelle et de tout ce qui y tient [4] ». Marx, à son tour, compare au *Qu'est-ce que le Tiers-État ?* Le *Qu'est-ce que la propriété ?* Celui-ci est vraiment le manifeste scientifique du prolétariat français. Il n'est pas seulement écrit pour les ouvriers. Il est écrit par un ouvrier. On sent ici un homme qui ne craint pas, mais qui au contraire souhaite, en critiquant, d'ouvrir une crise. C'est pourquoi sa critique sera totale, absolue, sans réserve et sans respect, *rücksichtslos*. Elle permettra de dépasser en le niant *(aufheben)* le point de vue de l'économie politique. Proudhon ne se contentera pas, comme l'a pu faire un Sismondi par exemple, de dénoncer tels ou tels abus de la propriété. C'est le principe même qu'il nie. Il en dévoile toute la « réalité inhumaine »lorsqu'il démontre comment, par les contrecoups du

1 P.-J, Proudhon, *sa vie et sa correspondance*, p, 206 et suiv.
2 K. Grün, Die soziale Bewegunq in Frankreich und Belgien, 1845, p. 411.
3 Die soziale Bewegung in Frankreich und Belgien, p. 423.
4 *Der Socialismus und Communismus des heutigen Frankreichs, 2°* édit., 1848, p. 405. Une première édition, moins complète, avait été publiée dès 1842. Stein propose d'appeler le socialisme de Proudhon un « socialisme critique ». Proudhon lui-même, en 1862, dans les *Majorats littéraires* (p. 124*)*, retrouvera cette expression.

Célestin Bouglé

régime de l'appropriation individuelle, nombre d'hommes sont comme retranchés de l'humanité. C'est faire pressentir que la propriété appelle à la vie son contraire, c'est-à-dire la force qui, née d'elle, en se développant la condamnera à mort. La propriété crée le prolétariat. Le prolétariat détruira la propriété. Marx traduit ici [1] dans les vocabulaires qui lui sont alors familiers, - celui de Hegel et celui de Feuerbach, - la pensée proudhonienne, afin d'y ajuster plus aisément sa pensée propre. Les audaces du typographe économiste révèlent Marx, dirait-on, à lui-même. C'est en suivant ces traces qu'il trouve sa voie. Une sorte de David prolétaire, tel apparaît alors, à en croire ces témoignages, l'auteur des mémoires sur la propriété. La science lui fournit ses pierres ; mais sa fronde et l'irrésistible énergie qu'il dépense à la manier, il les doit à la classe ouvrière.

Les thèses de Proudhon étaient-elles, en fait, aussi neuves et aussi hardies que Marx, à ce moment, paraît l'admettre ? S'il ne s'agissait que de leurs conclusions, il serait permis d'en douter. Dès cette période, il est visible que Proudhon, en dépit des airs de tranche-montagne qu'il affecte volontiers, est au fond un génie synthétique et réconciliateur. Il aime les attitudes intermédiaires. Il prend volontiers position à égale distance des doctrines extrêmes. Le moment où il élabore la sienne explique cette inclination, autant sans doute que son tempérament même.

Il importe de se souvenir que l'œuvre de Proudhon ne fait pas partie de la première récolte de l'économie sociale au XIXe siècle ; à l'heure où il commence à écrire, la réaction suscitée en France par les conséquences « inhumaines » de l'industrialisme anglais n'en est plus à sa période héroïque.

En 1810, tous les grands reconstructeurs ont dès longtemps donné leur mesure. En attendant l'expérimentation de 1848, leurs idées sont déjà soumises à la réflexion critique. Le programme de Babeuf, dont Buonarroti, revenant prestigieux, avait su se servir pour galvaniser les sociétés secrètes, les systèmes de Saint-Simon et de Fourier, que défendaient des écoles de propagandistes disciplinés, étaient déjà des *traditions : une* jeune pensée libre devait être tentée d'aiguiser sa liberté sur elles. On distinguait assez nettement, à

---

1 Die Heilige Familie, 1844, dans Aus dem literarischen Nachlass von Karl Marx, Fr. Engels und F. Lassalle, publié par M. Mehring, t. II, p. 127-131.

Chapitre II

cette époque, entre la tradition socialiste et la tradition communiste. Celle-ci singulièrement plus intransigeante, plus révolutionnaire, plus « populaire » aussi que celle-là. Le *socialisme* d'alors est inégalitaire ; il entend qu'on tienne compte, dans la répartition, des différences de talent et aussi des différences d'apport. Il espère, sans supprimer la propriété, réorganiser la production. Elle sera dirigée par les « capacités », pour l'amélioration matérielle et morale du sort du plus grand nombre. Le *communisme* a moins de confiance dans la hiérarchie et moins de respect pour la propriété. « À chacun selon ses besoins », c'est l'idéal où il tend. Et pour incarner cet idéal dans les institutions, il met sa foi dans la force des déshérités, arrachant les bornes de la propriété individuelle.

De ces solutions, ni l'une ni l'autre ne satisfait Proudhon. Celle du socialisme saint-simonien ou fouriériste répugne à son instinct égalitaire. Celle du communisme babouviste ou cabétiste l'inquiète dans son souci de l'indépendance.

Contre les avocats des capacités ou des talents, Proudhon ne peut s'empêcher de fulminer. Il met à les réfuter l'acharnement du « pauvre industriel » contre l'intellectuel. Il rougit de voir ses frères de misère courber la tête devant les supériorités prétendues. « Talent et génie ! mots sublimes dont la société aime à récompenser, comme des sentinelles avancées sur la route, les plus précoces de ses enfants ; mais mots funestes, qui ont produit plus d'esclaves que le nom de la liberté n'a fait de citoyens [1]. » Ce n'est pas que Proudhon nie, à vrai dire, l'inégalité des capacités. Mais à cette époque il paraît croire - et c'est une des croyances qui trahit en lui le petit-fils du XVIIIe siècle - que cette inégalité est le fait de la société plus que celui de la nature ; elle s'explique par la différence des situations plus que par celle des dons. Elle résulte d'un accident historique plutôt que d'une loi naturelle. Donnez à l'enfant de l'ouvrier l'éducation voulue, nul doute qu'il ne devienne capable de comprendre toute la philosophie qui importe pour vivre. Et en tous cas, s'il possède à fond son métier, souvenons-nous qu'il fait preuve d'une intelligence aussi alerte que celle des professionnels de la culture. « Je crois, je dis et j'imprime que tel ouvrier dépense plus d'esprit à ferrer un cheval que tel feuilletoniste à écrire une

---

1 Avertissement aux propriétaires (*Oeuvres complètes*, t. II), *p. 40*. Qu'est-ce que la propriété ? (édition de 1841), p. 154.

Célestin Bouglé

nouvelle [1]. »

Il le répétera plus tard avec plus de fermeté, quand se précisera sa philosophie du travail avec son programme de culture professionnelle. « Celui qui a son idée dans le creux de sa main est souvent un homme de plus d'intelligence, en tout cas plus complet, que celui qui la porte dans sa tête, incapable de l'exprimer autrement que par une formule [2]. »

Que ceux qui se distinguent par un talent exceptionnel soient récompensés par l'admiration publique, à la bonne heure, et c'est de toute équité. Mais dans le monde de la justice, où tout se mesure et se pèse, qu'ils ne réclament pas plus que leur juste part, à savoir celle qui répond à leur effort, au temps qu'a réclamé, aux dépenses qu'a entraînées leur éducation, en un mot, à leurs frais de production intellectuelle. Proudhon revient avec ténacité sur ce point dans les *Majorats littéraires*. Tout traitement de faveur, tout bénéfice excessif accordé aux talents est un injuste prélèvement sur le total qui devait revenir à la masse et être partagé entre les individus, à proportion de leur seul travail. Aucune supériorité ne justifie des privilèges de cette sorte. Et c'est pourquoi les combinaisons saint-simoniennes ou fouriéristes pèchent par la base, qui impliquent pour les capacités des situations privilégiées. Où l'inégalité prend un pied, ne saurait régner la justice.

Il semble, à écouter ce réquisitoire, que Proudhon va faire chorus avec les communistes, égalitaires farouches. Il n'en est rien. « Homme de la liberté et de l'individualité avant tout [3] », toute espèce de communauté lui fait horreur. Contre ce despotisme de la collectivité, tout ce qu'il y a d'anarchisme en lui s'insurge. « O liberté ! s'écriera-t-il, dans les *Contradictions économiques* [4], charme de mon existence, sans qui le travail est torture et la vie une longue mort »... Dès le premier mémoire sur la propriété [5], il proteste avec indignation contre « l'uniformité, béate et stupide par laquelle on voudrait enchaîner la personnalité libre, active, raisonneuse, insoumise de l'homme ». C'est dire que Proudhon n'est nullement disposé à accepter le retour à la masse des propriétés individuelles.

1 Avertissement aux propriétaires, p. 76.
2 Les majorats littéraires (*Oeuvres complètes*, t. XVI), p. 14.
3 Les majorats littéraires, p. 46, en note.
4 En 1846, tome II, p. 287.
5 *Qu'est-ce que la Propriété ?* (édition de 1841), p. 281

Chapitre II

Il sait tout ce qu'il y a de délectable et de stimulant dans le maniement des choses qui sont vôtres, et que cette saine volupté s'évanouirait du jour où tout serait à tous. L'organisation du faire-valoir en commun entraînerait d'ailleurs une orgie de réglementation dont la perspective le fait frémir. Proudhon veut l'égalité, mais dans et par la liberté. Or, la propriété ne reste-t-elle pas, pour la liberté, la plus sûre des garanties ?

Proudhon n'est donc pas de ceux qui rêvent de supprimer la propriété ; bien plutôt souhaiterait-il de l'universaliser. Il en conteste moins le principe, en somme, qu'il n'en dénonce les abus : par eux seulement elle devient « exclusive », « envahissante », « dévorante », « anthropophage » et la garantie se change en menace [1]. Le problème est d'empêcher une institution, en soi légitime et utile, de devenir nuisible par ses excès. Il ne s'agit, après tout, que d'élaguer les branches, non de déraciner l'arbre. Au fur et à mesure que Proudhon précise sa pensée, il apparaît qu'elle est beaucoup moins révolutionnaire et beaucoup plus près, par exemple, de celle des économistes réformateurs qu'on ne le croyait d'abord. Finalement, y a t-il autre chose entre eux et lui que l'épaisseur d'un mot ? « M. Blanqui reconnaît qu'il y a dans la propriété une foule d'abus : de mon côté j'appelle exclusivement propriété la somme (ou le principe) de ces abus : pour l'un comme pour l'autre, la propriété est un polygone dont il faut abattre les angles. Mais l'opération faite, M. Blanqui soutient que la figure sera toujours un polygone, tandis que je prétends, moi, que cette figure sera un cercle [2]. » Le propriétaire auquel Proudhon a voué une haine irréconciliable est cet homme qui, maître exclusif, souverain absolu d'un instrument de production, prétend jouir de cet instrument sans le manier lui-même, celui qui récolte, en somme « sans main mettre ». Mais pour celui qui lui-même fait valoir sa terre et se nourrit de sa moisson, Proudhon ne ressent qu'estime et sympathie. Au fond, - Stein déjà l'apercevait clairement - les premiers mémoires de Proudhon sont surtout un réquisitoire, le plus décidé d'ailleurs et le plus incisif des réquisitoires, contre les diverses espèces de *revenus sans travail.*

1 *Lettre à M. Blanqui sur la propriété* (édit. de 1841), p. 26, 62. « Anthropophage », c'est l'épithète que devait reprendre et développer Renouvier pour flétrir les privilégiés, dans ce fameux *Manuel républicain* qui amena en 1848 la chute du ministère dont faisait partie Carnot.
2 Avertissement aux propriétaires, p. 22.

Célestin Bouglé

Rente, bénéfice, loyer, fermage, autant d'injustes péages que le propriétaire prélève sur la circulation. Lorsque Bastiat prétendra les défendre contre lui, Proudhon ne contiendra pas sa fureur [1]. Balayer la terre de toutes les survivances de *l'aubaine* est sa suprême ambition. Que seulement il en vienne à bout, et tout est sauvé. Pour triompher du monstre, il suffit de le prendre « par la queue, c'est-à-dire par l'intérêt [2] ». Mort son venin, la propriété peut continuer à vivre. Elle correspondra alors à ce que les juristes appellent la possession, droit plus précaire, soumis à plus de restrictions et de conditions, tel en un mot qu'on ne soit plus propriétaire que pour et par le travail. « Plaidant contre la propriété, déclare Proudhon dans sa lettre à Blanqui, qu'ai-je pour but sinon d'obtenir la possession [3] ? » Longtemps son idéal restera, comme dit l'un des confidents de sa pensée, de *possessionné* l'ouvrier et le paysan.

Il est permis de voir ici à l'œuvre ces instincts de rural dont on a plus d'une fois noté la persistance au cœur de Proudhon [4]. Tout « ouvrier » qu'il est, il reste persuadé qu'il suffirait, pour assurer aux hommes la liberté et l'égalité désirables, de hausser le sort de la classe ouvrière au niveau de la classe moyenne, et spécialement de lui assurer le genre de vie des classes moyennes rurales. Le sort du propriétaire qui fait valoir sa terre lui-même lui semble par-dessus tout enviable. Une nation composée de familles de paysans, chacune faisant valoir ses cinq hectares, serait à ses yeux le « chef-d'œuvre politique » par excellence [5]. Un idéal de liberté agricole obsède l'ex-bouvier devenu typographe ; et c'est cet idéal, sans doute, qui l'empêche, dès son premier mémoire, de souscrire aux abolitions radicales qu'aurait pu lui suggérer l'instinct ouvrier.

*

---

1 Voir Intérêt et principal. Discussion entre M. Proudhon et M. Bastiat sur l'intérêt des capitaux, 1850, t. III des Mélanges (Oeuvres complètes, t. XIX).
2 Lettre à M. Blanqui, p. 84.
3 *Ibid.*, p. 101. Cf. p. 130, 94.
4 Voir G. Sorel, *Introduction à l'économie moderne,* 2e éd., p. 144 et 145. Le caractère « paysan » de Proudhon a été bien mis en lumière dans une thèse récente de M. A. Berthod : *P.-J. Proudhon et la propriété, un socialisme pour les paysans,* dans la *Bibliothèque socialiste internationale,* chap. I et VI.
5 C'est l'expression que l'on trouvera, dans l'un des ouvrages posthumes de Proudhon, *Du Principe de l'Art,* p. 353.

* *

Il est donc vraisemblable que les mémoires de Proudhon sur la propriété durent moins aux conclusions justifiées qu'aux procédés mis en œuvre leur réputation « diabolique ». La façon de démontrer fait souvent plus d'impression que ce qu'on démontre. Ce n'était pas la première fois qu'un réquisitoire était formulé contre les revenus sans travail. Mais jamais on n'en avait entendu un à la fois plus passionné et plus scientifique. Le ton, le tour, la tendance de l'argumentation, c'est là ce qui frappe tous les esprits, effrayant les uns, attirant les autres : l'originalité du jeune polémiste est dans sa méthode.

Mais regardons-y de près : nous nous apercevrons que l'originalité de cette méthode aussi est dans son caractère synthétique et réconciliateur. Ce n'est pas à vrai dire une seule méthode, mais plusieurs, que Proudhon utilise successivement, pour faire concourir leurs effets. Et c'est ainsi qu'il se taille une place à part dans l'histoire de l'économie sociale. Il apparaît au point de jonction de traditions très diverses. Il passe sans effort de l'argumentation la plus a priori à une argumentation volontairement empirique. Il excelle à la fois au maniement des théorèmes et à celui des observations. Il reste le plus logicien des économistes, et il est déjà pourtant un économiste historien, évolutionniste, relativiste.

Le ton est celui du barbare, de l'envahisseur, de l'homme qui ne craint ni ne respecte rien. Une sorte de rythme frénétique scande cette prose ; à chaque instant des interjections, des sursauts d'indignation échappent à l'auteur. « Ame de boue ! cadavre galvanisé ! crie-t-il à l'honnête propriétaire... comment espérer de vous convaincre, si le vol en action ne vous paraît pas manifeste [1] ? » Et encore : « Dussent un million de propriétaires brûler jusqu'au jugement, je leur mets sur la conscience la part qu'ils me ravissent dans les biens de ce monde. Je me soucie de l'ordre public comme du salut des propriétaires. Je demande, ajoute-t-il, - reprenant à son compte la formule des ouvriers lyonnais -, à vivre en travaillant, sinon je mourrai en combattant [2]. » On entend ici le « rugissement » de l'homme qui s'est aperçu à ses dépens qu'une « erreur de compte » le condamnait, malgré son labeur de tous les jours,

---

1 Qu'est-ce que la propriété ? p. 121.
2 Qu'est-ce que la propriété ? p. 105.

Célestin Bouglé

à une vie diminuée [1]. Et c'est à ces expériences qu'il fait allusion lorsqu'il réplique avec hauteur aux membres de l'Académie de Besançon, qui voudraient atténuer la violence de ses réquisitoires : « Vous n'êtes pas préparés par des études spéciales, suffisantes, à prononcer sur une théorie de la propriété ».

On se tromperait pourtant du tout au tout à ne voir dans son œuvre qu'un pamphlet, une diatribe, un long cri de vengeance. A ses expériences personnelles, Proudhon a ajouté les recherches nécessaires. Il a résumé les cours, il a dépouillé les livres des économistes et des juristes. Il s'est fait juriste et économiste lui-même. Et l'une des nouveautés de son effort sera précisément de critiquer du dedans la thèse de ses adversaires, en retournant leur argumentation, en utilisant contre eux leur propre méthode. Jamais encore - Stein et Marx en font la remarque - on n'avait assisté à pareil corps à corps. C'est que pour mieux apprendre à le terrasser, Proudhon, se logeant en quelque sorte chez l'ennemi, s'est instruit à ses exemples. Les critiques des socialistes précédents demeuraient plus extérieures. Elles dénonçaient les contrecoups du système défendu par les économistes sans entrer dans leurs théories. Elles n'empruntaient pas leurs principes. Le procédé de Proudhon sera, au contraire, de s'approprier, pour en tirer des conséquences inattendues, les axiomes posés par ses adversaires. Il entend « prendre par leurs propres aphorismes » les défenseurs de la propriété. Disciple malicieux, il met sa joie à rétorquer. Et son œuvre est d'abord, pourrait-on dire, une entreprise de renversement dialectique.

Pour comprendre cette sorte de gageure, il importe de se représenter de quelle façon l'on défendait alors le régime de la propriété individuelle. Non pas, comme on le fait le plus souvent aujourd'hui, par des considérations d'opportunité, - en plaidant par exemple qu'au point où nous en sommes de l'évolution économique sociale le régime en question conserve, toute son utilité. Ne demeure-t-il pas encore, dira-t-on, le plus vif stimulant des initiatives, la plus sûre garantie des responsabilités nécessaires à l'organisation spontanée de la production ? On ne se contentait pas, à ce moment-là, de cette argumentation tout empirique et défensive. On était plus « absolutiste ». C'est pour justifier le *jus utendi et abutendi* qu'on invoquait des droits naturels sacro-saints : droit du premier occu-

---

1 Correspondance, I, p. 251.

Chapitre II

pant sur le sol, droit du travailleur sur son produit, d'une manière plus générale, droit de la personnalité humaine sur les choses.

Par des principes de ce genre Destutt de Tracy et Cousin, Pothier et Toullier, Ancillon et Troplong pensaient rendre la propriété intangible. Proudhon retient ces principes, mais il fait observer que la raison ne les peut ratifier qu'à une condition : c'est qu'ils soient effectivement universels. De ces droits naturels de la personne humaine sur les choses, il suffit qu'un certain nombre d'hommes soient privés, en fait, - par la manière dont le régime de la propriété est aujourd'hui organisé -, pour que cette organisation soit condamnée par l'autorité même de ceux qui la voudraient défendre. Ils se trouveront alors acculés à un dilemme - ou reconnaître que les axiomes qui leur sont familiers n'ont aucune valeur, - ou reconnaître qu'ils valent pour tout le monde. Ne sont-ils pas utilisables aussi bien et mieux par les « prolétaires demandeurs » que par les « propriétaires défendeurs » ? Gardons-nous donc de nier les principes qu'on invoque ; contentons-nous de les confronter avec la réalité d'aujourd'hui. Une conclusion se dégagera de cette confrontation : c'est qu'il faut nier cette réalité même [1].

À cette dialectique de juriste, Proudhon ajoute une dialectique d'économiste proprement dit. Il utilise la définition de la valeur qu'Adam Smith et ses disciples avaient opposée à la tradition des Physiocrates. Toute richesse vient de la terre, répétaient ceux-ci. Et ils édifiaient sur cet aphorisme, en même temps qu'une politique agraire, une théorie des classes qui donnait la prédominance aux cultivateurs. Leurs émules anglais tendent à une politique qui seconde la marche de l'industrie grandissante. Ils défendent la cause des « industrieux », des « fabricants », des « opérateurs ». À la fécondité de la nature ils opposent la fécondité du travail. À leurs yeux, il sera la mesure de toute valeur, au moins de toute valeur d'échange. Un produit qui circule, c'est une quantité plus ou moins grande d'effort humain condensé et comme cristallisé. La valeur des objets rassemblés sur le marché hausse ou baisse comme croît ou décroît cette quantité même. C'est le postulat commun aux déductions de Smith et à celles de Ricardo. A ce même postulat vont se suspendre celles des théoriciens socialistes. Hodgskin et Gray en Angleterre, Rodbertus et Marx en Allemagne dérouleront,

---

1 Qu'est-ce que la propriété ? chap. II et III.

Célestin Bouglé

chacun à leur façon, les conséquences révolutionnaires des principes de l'économie politique libérale : de l'idée que le travail crée et mesure toute valeur, ils concluront, par des chemins d'ailleurs différents, au droit éminent du travailleur sur la richesse. Proudhon appartient à cette lignée des fils audacieux de l'économie orthodoxe. Quelque préférence que la terre, déesse des physiocrates, lui inspire - comme à beaucoup de ceux qui furent alarmés des progrès, terribles pour tant d'hommes, de la grande industrie -, il reprend à son compte l'axiome des prophètes de l'industrialisme ; il le défend contre Say qui, pour déterminer la valeur, s'efforce de substituer, à la considération du travail incorporé, celle de l'offre et la demande en présence. Les variations de l'offre et de la demande ne sont, aux yeux de Proudhon, que des accidents. Ils tiennent à la concurrence, au monopole, au morcellement, à la divergence de la production, en un mot, à la désorganisation qui est l'œuvre de la propriété elle-même [1].

Normalement toute valeur vraie qui entre en circulation est mesurée, comme elle est déterminée, par le travail. C'est dire que le travail doit être roi et que sa royauté ne saurait s'accommoder de celle de la propriété. Adam Smith lui-même ne laisse-t-il pas entendre qu'avant la propriété des terres et l'accumulation des capitaux, l'ouvrier possédait seul l'entier produit de son travail ? N'était-ce pas avouer qu'il est dépouillé, exploité, volé par ceux qui le font travailler à leur profit ? De même, par sa théorie de la rente, Ricardo attire l'attention sur la « passivité » du propriétaire ; la richesse qui afflue à ses coffres n'est nullement proportionnelle à son effort personnel. Bien plus, son intérêt est opposé à celui de toutes les autres classes : « sa situation n'est jamais plus florissante qu'aux époques où les subsistances sont rares et chères ». De là à conclure que le propriétaire est non seulement l'être inutile, mais l'être nuisible par excellence, il n'y a qu'un pas. Proudhon le franchit avec allégresse, heureux de retourner contre la bourgeoisie accapareuse les principes de ceux mêmes qui pouvaient passer pour ses meilleurs défenseurs.

Par toute cette géométrie en partie double, à la fois économique et juridique, Proudhon pense avoir démontré la formule qui lui tient le plus au cœur et qu'il répète avec un acharnement méthodique :

---

1 Avertissement aux propriétaires, p. 26 et suiv.

« La propriété est impossible [1] ». Formule étonnante : Proudhon l'aime sans doute pour l'étonnement qu'elle doit entretenir. Il l'aime aussi parce qu'elle est elle-même un argument retourné. Vous vous entêtez à répéter : « L'égalité des conditions est impossible ». Nous allons vous démontrer mathématiquement que les impossibilités sont dans votre lot : s'il y a un régime qui ne tient pas devant la logique, c'est celui de la propriété [2].

L'expression prête à plusieurs sens. Et de fait Proudhon incline tantôt vers l'un, tantôt vers l'autre. « À l'aide de produits ou d'économies individuels, il est impossible, je veux dire, il doit être défendu dans la société d'accaparer les instruments de travail [3]. » Le sens moral de l'expression apparaît ici. L'impossible, c'est l'illégitime, c'est le réel que la conscience ne saurait ratifier. À d'autres moments, l'impossible c'est ce qui ne saurait durer, ce qui ne se soutient pas par soi-même, ce qui implique un principe d'auto-destruction [4].

« J'ai démontré, dira Proudhon, dans la *Création de l'ordre* [5] que l'inégalité des répartitions était mathématiquement impossible. J'ai fait ressortir la qualité subversive, anormale, partant non durable de ce fait. » L'argumentation, ici, est moins d'un moraliste : elle se rapproche davantage de celle de Marx et d'Engels. Lorsque ceux-ci rappelleront que le prolétaire, dans le système capitaliste, n'est pas propriétaire de la valeur qu'il produit, ce ne sera pas pour commenter une fois de plus le *sic vos non vobis* : ce ne sera pas pour protester au nom de la justice blessée, mais bien pour avertir qu'un pareil système ne peut durer [6]. Par la misère chaque jour plus lourde qu'il fait peser sur le travailleur, il fournit la preuve que la bourgeoisie est de plus en plus incapable de nourrir ceux-là mêmes dont elle dévore la substance. Si ce système, à vrai dire, est condamné à mort, c'est qu'à leurs yeux d'hégéliens une contradiction interne le déchire : la contradiction entre le mode privé de l'appropriation et le mode social de la production. Proudhon, sans doute, ne place pas comme eux cette antithèse au centre de son ar-

---

1 Qu'est-ce que la propriété ? chap. IV.
2 Avertissement.., p. 68.
3 *Ibid.,* p. 31.
4 Ibid., p. 18. Contradictions économiques, t. II, p. 182.
5 p. 194.
6 Voir en particulier la préface d'Engels à la *Misère de la philosophie* de K. Marx.

Célestin Bouglé

gumentation, mais lui aussi s'efforce de dégager les contradictions que la propriété implique. Il y a des principes – ceux-là mêmes que nous avons vu invoquer par les juristes ses défenseurs - qu'elle suppose en droit et qu'elle nie en fait. On ne saurait donc la défendre telle quelle sans avouer que le juste est injuste, que l'inégal est égal, en un mot, sans se mettre en dehors de la logique. C'est par là, au sens le plus profond du mot, que la propriété apparaît comme impossible. Proudhon se réjouit de nous faire constater que la raison, et non pas seulement la conscience, est choquée par la propriété. Par la seule force de la logique, il prétend traîner derrière lui ses adversaires, les mains liées de leurs propres principes. C'est avant tout une prouesse de dialecticien qu'il a voulu ici accomplir.

Jeu de sophiste, dira-t-on, œuvre essentiellement négative où le tempérament sceptique de Proudhon apparaît tout entier. On s'est plus d'une fois arrêté à cette légende. Elle cache pourtant de graves équivoques. En un sens, il y a peu de tempéraments moins sceptiques que celui de Proudhon. Il conserve cette foi dans la raison qui est souvent celle de l'homme du peuple émancipé : la foi du typographe. Les purs empiriques l'agacent. « La politique est une science, écrit-il avec mauvaise humeur, non une finasserie. » Il n'est pas de ceux qui opposent aux théories de la raison des sentiments plus ou moins vagues dont se nourrirait la morale. Un Sismondi, qui dresse le premier l'économie sociale contre l'économie politique, eût peut-être accepté cette antithèse. Mais Proudhon refuse d'y souscrire. Il rappelle vertement à Buchez que la morale a besoin, comme tout le reste, de démonstration et de règle [1]. Il loue Fourier de cette affirmation neuve et hardie, que « l'organisme social doit être l'objet d'une science exacte et positive [2] » Et l'on sait que, fidèle à une inspiration fouriériste, c'est d'une science de type mathématique, - d'une « mathématique supérieure à celle des nombres et des lignes » - qu'il attend la clef du problème social comme de tous les autres.

Proudhon n'a garde de renoncer, dans ses mémoires sur la propriété, aux ambitions exprimées dans le discours sur la *Célébration du Dimanche. Il* suit son programme de rationaliste tenace. Et l'un des plus précieux résultats qu'il attende, de la discussion à laquelle

---

1 Lettre à Blanqui, p. 149.
2 Avertissement..., p. 53.

Chapitre II

il se livre, est précisément qu'elle met à nu le tuf des sociétés - l'une de ces idées éternelles qui sont à la fois de nature mathématique et de nature morale, - l'idée de justice, qui n'est qu'un autre nom de l'idée d'égalité.

L'idée d'égalité n'est pas absente de la pensée des défenseurs de la propriété. Bien au contraire. Toute leur argumentation suppose cette idée [1], mais devant les redressements de torts qu'elle exige, pour peu qu'on confronte les faits avec elle, ils reculent épouvantés. C'est pourquoi on les surprend occupés à voiler la déesse même qu'ils invoquaient. Il n'est pas inutile de déchirer ces voiles et de projeter une lumière sur cette figure : la nature humaine, dans son originelle pureté, s'y reconnaîtra aisément. Comprenons seulement ce que veut cette nature : c'en est assez pour orienter l'effort régénérateur des sociétés. Ainsi, la dialectique juridico-économique de Proudhon est le préambule d'une analyse psychologique destinée elle-même à préparer des conclusions dogmatiques.

*
* *

« L'exposition psychologique de l'idée du juste et de l'injuste », qui constitue la dernière partie de : Qu'est-ce *que la propriété ?* n'atteint pas toujours, sans doute, à la netteté parfaite. On sent une pensée qui se cherche et tâtonne encore. Du moins aperçoit-on de quelles doctrines elle se détache, vers quelles autres elle tend. Le sévère auditeur des cours de la Sorbonne commence à réagir contre le *credo* spiritualiste, qui lui paraît à la fois vague et arbitraire. Sa morale en retiendra peut-être plus d'un élément : telle formule cousinienne s'adapte aux théories proudhoniennes sur la justice, la dignité, la liberté [2]. Mais lors même que Proudhon retrouve les conclusions pratiques de ses maîtres spiritualistes, c'est par un chemin à lui. Pour revenir à l'âme, il traverse nature et la société. Par leurs tendances et leurs besoins, il explique ces facultés qu'on lui apprenait à révérer comme innées. C'est ainsi que, pressé d'utiliser contre Jouffroy ou Cousin les remarques de son compatriote Cuvier sur l'instinct, il cherche, à montrer comment certaines formes d'instinct

---

1 Qu'est-ce que la propriété ? p, 253. Lettre à Blanqui, p. 23.
2 M. Jodl, dans sa *Geschichie der Ethik in der neueren Philosophie*, 1889, classe la morale de Proudhon sous la rubrique : Spiritualisme (tome II, chap. X, p. 319-334).

Célestin Bouglé

chez les animaux font prévoir le sentiment humain de la justice. Les animaux aussi constituent des sociétés, et partout où une société dure, la justice est à l'œuvre. Mais tant que la raison ne s'éveille pas, la justice est comme aveugle. Ses démarches sont incertaines, ses efforts limités, ses prescriptions négatives. En l'homme seul, la faculté d'abstraire, de compter, de balancer apparaît qui, en se combinant avec l'instinct social, produit le sentiment de l'égalité. Dès lors, le moi se place en pleine lumière devant le moi. Les hommes comprennent que, si distinctes que soient les fonctions sociales réparties entre eux, ou plutôt par cela même qu'elles sont distinctes, ils ne peuvent former société qu'à la condition d'échanger en égaux.

Vérité si éclatante, semble penser Proudhon, qu'une fois touché de ses rayons il est impossible de se soustraire à leur influence impérative. Mais comment se fait-il alors que cette vérité ne règne pas dès longtemps en souveraine sur l'organisation des sociétés, et qu'il faille batailler si rudement, aujourd'hui encore, pour imposer ses décrets ? Nul problème plus ardu, - Proudhon le reconnaîtra, - que ce problème de la décadence. Si l'humanité est initialement raisonnable, pourquoi ne l'est-elle pas demeurée ? C'est que cette même raison qui dresse l'homme au-dessus des animaux l'expose aussi aux chutes. Par définition elle est personnelle ; elle incline donc à toutes les erreurs qui tiennent à la personnalité. Pour comprendre que les sociétés se détournent de l'égalité, ne disons donc pas seulement que les passions luttent contre la raison ; la raison lutte contre elle-même. Par nature elle isole, elle oppose, elle fait diverger les volontés. Cet « égoïsme rationnel », cet « individualisme d'opinion » expliquent de proche en proche toutes les formes du mal social, et en particulier les abus de la propriété, « Le paupérisme, les crimes, les révoltes, les guerres, ont eu pour mère l'inégalité des conditions, qui fut fille de la propriété, qui naquit de l'égoïsme, qui fut engendré du sens privé, qui descend en ligne directe de l'autocratie de la raison [1]. »

Notons bien qu'à l'exercice de cette faculté dangereuse Proudhon n'entend aucunement faire renoncer l'humanité. Et c'est précisément pourquoi il ne veut de la communauté à aucun prix. Il défend contre elle, avec la dernière énergie, la personnalité « libre, active,

---

1 Qu'est-ce que la propriété ? p. 274.

Chapitre II

raisonneuse, insoumise ». Il travaille à « insurger la raison des individus contre la raison des autorités [1] » ; mais il n'est pas sans comprendre la difficulté qu'éprouvent, à accepter une loi commune, ces libertés toujours sur le qui-vive. C'est sans doute pour contrecarrer les « divergences » des raisons individuelles qu'il sera amené à accorder une autorité spéciale à la raison collective. La théorie n'en apparaît pas encore dans les premiers mémoires. On y perçoit du moins les sentiments ambigus que lui inspire l'individualisme. Celui-ci à la fois l'attire et l'inquiète ; et déjà il fait effort pour ramener les raisons personnelles, déviées par le sens privé, à ce que la raison veut par nature, c'est-à-dire à l'égalité.

Manières de penser, dira-t-on, qui sentent leur XVIIIe, siècle. Bastiat n'avait pas tort de dénoncer en tous les réformateurs socialistes des petits-fils de Rousseau. Proudhon aura beau chargé Rousseau de tous les péchés de la démocratie, il n'en reste pas moins qu'à un certain moment les concepts dont ils usent ne sont pas si différents. La théorie de la chute par les déviations de la conscience, et du progrès par le retour à la nature, qui est esquissée dans les mémoires sur la propriété, rappelle les transpositions d'idées chrétiennes qu'utilisent si souvent le *Discours sur les origines de l'inégalité* et le *Contrat Social*. Par un côté au moins de sa pensée, Proudhon tient à l'école rationaliste du droit naturel.

Mais voici par où il s'en détache nettement. Si la raison revient à la nature, c'est, selon lui, progressivement et comme sous la pression de l'histoire. Le fils du « siècle de l'histoire » se montre ici. Cette pensée de platonicien prend un tour évolutionniste. Pour que la raison devienne pleinement consciente du système d'idées éternelles qui constitue sa vraie nature, il faut une longue suite, une série ordonnée d'expériences qui sont comme les écoles de l'humanité. Il n'est de démonstration vraiment probante que dans la succession des institutions qui, en développant leurs conséquences, forcent les hommes à réagir contre elles [2]. « L'histoire est la démonstration des erreurs de l'humanité par la réduction à l'absurde. » C'est-à-dire que le temps écoulé, la direction suivie, les phases atteintes doivent entrer en ligne de compte. Il est vain de vouloir imposer des réformes que le mouvement des siècles n'a

---

1 Lettre à Blanqui, p. 106.
2 Lettre à Blanqui, p. 148. Cf. Avertissement.... p. 87.

Célestin Bouglé

point préparées. Il n'est pas moins vain de vouloir retarder celles qu'il impose.

De ce point de vue, logicien mué en historien, ou du moins se fiant désormais à la seule logique de l'histoire, Proudhon va évoquer les *faits qui* prouvent que sa thèse sur la propriété est bien fondée, par là seul qu'elle vient à son heure. La *Lettre à Blanqui* est une vue générale sur le mouvement des civilisations : les secousses dont elles souffrent y sont expliquées par les privilèges abusifs qu'elles avaient accordés à la propriété. Leur progrès consiste à rogner ces mômes privilèges et à pousser de plus en plus dans la « direction égalitaire ». La Révolution de 1789 ne fait que continuer, sur ce point, la longue insurrection des communes. Et nous ne faisons que continuer la Révolution de 1789. Analysez toutes les restrictions qui menacent aujourd'hui le *jus utendi et abutendi* : *mesures* d'expropriation, conversions de rentes, suppression des douanes, multiplication des sociétés d'assurances et de secours mutuels, - autant de bornes posées à l'extension de « l'aubaine ». Et après les institutions, appelez les doctrines en témoignage. Qu'ils soient industriels comme Say ou Blanqui lui-même, financiers comme les saint-simoniens ou les phalanstériens, légistes comme Rossi, moralistes comme Sismondi, tous les économistes, par les réformes qu'ils imaginent, tendent directement ou indirectement à substituer la simple possession à la propriété. Qu'ai-je donc fait autre chose, demande Proudhon avec une malicieuse ingénuité, que d'exprimer clairement le sentiment plus ou moins obscur de mes contemporains ? Tant de complices m'innocentent. Je me borne à rendre consciente une conspiration instinctive. Je publie ce que tout le monde pense, et tout le monde pense ce qu'impose l'histoire, autrement dit ce que veut la Providence [1]. « En écrivant contre la propriété, qu'ai-je fait que parler le langage de l'histoire ? J'ai dit à la société moderne, fille et héritière de tant de sociétés évanouies : *Age quod agis ;* achève ce que depuis six mille ans tu exécutes sous l'inspiration et par l'ordre de Dieu [2]. »

Retranchez l'appel à la Providence, la formule évoqué, invinciblement celles que rencontre de son côté, quelques années plus tard, un jeune hégélien en passe de devenir réaliste en même temps que

---

1 *Avertissement...*, p. 13-15.
2 Lettre à Blanqui, p. 83.

Chapitre II

révolutionnaire. Dans la *Sainte Famille*, - aux chapitres où précisément il s'efforce de restituer la véritable physionomie de Proudhon, déformée par les atténuations des collaborateurs de Bruno Bauer -, Karl Marx rappelle qu'il ne s'agit plus de porter devant soi, pour y convertir le monde, quelque idéal nouveau. Dégageons seulement des faits la courbe des forces. Bornons-nous à confesser le monde, à lui dévoiler ce pourquoi, en réalité, il mène le combat qui est l'histoire. Ne rien inventer, tout découvrir : l'ambition perce déjà, ici, qui s'épanouira dans le *Manifeste communiste*. Parce que cette ambition gouverne leur méthode, Marx et Engels croient pouvoir opposer au socialisme utopique, aprioriste et idéaliste de leurs prédécesseurs, un socialisme purement et strictement scientifique.

Encore une antithèse dont il faut rabattre. On a pu pleinement démontrer, dans ces dernières années, et que le socialisme de Marx et d'Engels est toujours « utopique », et que celui de leurs prédécesseurs est déjà « scientifique ». La dernière assertion est vraie de Proudhon plus peut-être que de tout autre. Il reproche formellement à Fourier, comme le ferait Engels lui-même, de n'avoir pas su, faute de sens historique, présenter son système comme la conséquence inévitable, le terme fatal d'une progression [1]. Pour lui, il prétendra « montrer à l'œil et faire toucher du doigt la chaîne ». En d'autres termes, c'est déjà à une manière de déterminisme évolutionniste que Proudhon demande de justifier ses revendications. Et si le déterminisme évolutionniste est, de l'aveu de Marx et d'Engels, l'une des pièces maîtresses de la philosophie matérialiste de l'histoire, il est permis de soutenir que les mémoires de Proudhon sur la propriété préparent à leur façon cette philosophie même.

Ils ne la préparent pas seulement par la méthode générale de justification historique qu'ils utilisent, mais plus directement par le ressort auquel ils attribuent le mouvement de l'histoire, et par le rythme même qu'ils découvrent dans son progrès. Le ressort est de nature économique : toute révolution est déjà présentée ici comme une réponse à une question posée par les crises que déchaînent les abus de la propriété : et déjà aussi ces crises montrent les classes en lutte [2]. Le rythme est un rythme à trois temps, - thèse, antithèse et synthèse -, le même que Marx hérita de Hegel. Dès son pre-

---

1 *Avertissement...*, p. 56.
2 Par exemple, *Lettre à Blanqui*, p. 63.

Célestin Bouglé

mier mémoire et avant d'avoir pu connaître, semble-t-il, l'œuvre de Hegel autrement que par ouï-dire, Proudhon loge dans ce cadre les gains de sa réflexion personnelle. La formule trinitaire lui sert à marquer les phases et le terme du progrès. Dialectique encore, mais dialectique d'historien cette fois, et non plus d'idéaliste. Il fallait que la *communauté,* première invention de la sociabilité humaine, fût niée en fait par la *propriété,* création de l'esprit d'indépendance. Il faut aujourd'hui que la propriété soit niée par la *possession,* garantie de l'égalité. Comme la propriété sociale le sera aux yeux de Marx, la possession est aux yeux de Proudhon la synthèse de la propriété individuelle et du communisme primitif [1].

Il va sans dire que cette philosophie de l'histoire à soubassement économique et à forme dialectique est loin de présenter, dans les mémoires sur la propriété, des arêtes aussi nettes que dans le *Manifeste communiste.* Et surtout la tendance « matérialiste » de cette philosophie est contrariée chez Proudhon par son attachement à l'idéalisme. Marx et Engels se sont décidément libérés de cette influence. Du moins laissent-ils pour compte à l'hégélianisme l'Idée, que celui-ci logeait, en quelque sorte, à l'intérieur des phénomènes historiques. Ils continuent à faire fonctionner une dialectique dans l'histoire. Mais le moteur est changé. C'est à la seule réalité sensible qu'ils en demandent les éléments constitutifs. Ils refusent de prolonger au-dessous des faits économiques la recherche des causes. Pour Proudhon, au contraire, les faits, même économiques, n'ont d'intérêt que par les idées qu'ils découvrent. Et ces idées sont des idées éternelles, en possession d'une valeur absolue. Le progrès du monde vers l'égalité est un progrès « providentiel », qui retrouve les conditions préfixées d'un ordre quasi-mathématique. C'est un retour à la nature, destiné à faire vivre enfin, dans l'organisation sociale, des droits qui existent dans l'intelligence de Dieu « comme les idées archétypes des platoniciens [2] ». Contre ces invocations à l'absolu, l'hégélien émancipé qu'est Marx ne pouvait manquer de protester. Elles n'empêchent que Proudhon, en attirant l'attention sur les conditions historiques de « l'émergence » des principes éternels, oriente la réflexion et la recherche précisément dans le sens où les engagera définitivement la philosophie réaliste de l'histoire.

1 Qu'est-ce que la propriété ? p. 280.
2 *Lettre à Blanqui,* p. 96. C'est en discutant Troplong que Proudhon emploie cette expression. Mais elle nous paraît convenir exactement à sa propre pensée.

Chapitre II

*
* *

Mais il faut aller plus loin. C'est à la sociologie proprement dite que Proudhon dès cette époque nous semble préparer les voies. Et sur ce point encore, par cette théorie de la force collective qui est, de son propre aveu, l'idée centrale de son premier mémoire, nous verrons qu'il précède Marx et Engels.

Nous disions qu'il n'oppose pas aussi nettement qu'ils le feront, au caractère privé de l'appropriation, le mode social de la production. Les éléments de l'antithèse sont déjà pourtant dans sa pensée. En particulier, il insiste à plusieurs reprises sur ce fait, que toute production est collective : la production intellectuelle aussi bien que la production matérielle. C'est même de ce fait qu'il tire argument contre les saint-Simoniens et les fouriéristes, qui réclament pour les talents et les capacités des traitements de faveur, comme plus tard contre les littérateurs qui réclament, pour eux et pour leurs héritiers, la propriété quasi indéfinie de leurs œuvres. M. Wolowski a cent fois raison de faire observer que « la valeur échangeable d'un livre tient plus encore du fait social que du talent que ce livre suppose [1] » et que la société a un droit de production collective sur toute création de l'esprit. En réalité, les créateurs eux-mêmes sont d'abord des débiteurs. « Le plus beau génie est, par les lois de son existence et de son développement, le plus dépendant de la société qui le crée : « qui oserait faire un dieu de cet enfant sublime [2] ? » En généralisant ces remarques, Proudhon devait naturellement rencontrer les lieux communs que de nos jours la philosophie de la solidarité a remis en honneur. De Proudhon on peut redire ce qu'on a dit de Bastiat [3]. Tout soucieux qu'il soit de l'individualité, il est à un certain point de vue un solidariste avant la lettre. « Pas un homme qui ne vive du produit de plusieurs milliers d'industriels différents. Pas un travailleur qui ne reçoive de la société tout entière sa consommation... Toutes les industries se réunissent par des rapports mutuels en un faisceau unique. Toutes les productions se servent réciproquement de fins et de moyens. Or ce fait incontestable et incontesté de la participation générale à chaque espèce de

1 Lettre à Blanqui, p. 118, 120.
2 *Ibid.*, p. 171.
3 Voir la conférence de M. Ch. Gide sur la *Morale de Bastiat*, dans les *Études sur la philosophie morale au XIXe, siècle*, Paris, Alcan, 1904, p. 77-101.

Célestin Bouglé

produit a pour résultat de rendre communes toutes les productions particulières : de telle sorte que chaque produit, sortant des mains du producteur, se trouve d'avance frappé d'hypothèque par la société [1]. » Ailleurs : « Tous tant que nous sommes, nous travaillons pour autant de maîtres que nous comptons de collaborateurs, nous avons autant de créanciers que d'associés ».

Mais Proudhon ne se bornera pas à rappeler ainsi l'interdépendance des individus ; un trait distingue son argumentation solidariste de celle d'un Bastiat par exemple : et c'est précisément l'idée que, là où un faisceau se forme, une force nouvelle se dégage. Les hommes ne sont pas seulement débiteurs les uns envers les autres. Ils sont les uns et les autres bénéficiaires, et par suite redevanciers d'une sorte de masse commune, constituée par l'association même de leurs activités. En un mot, la démonstration de la solidarité est liée chez Proudhon à une théorie spécifique, la théorie de la force collective.

La force collective est autre chose que la somme des forces individuelles ; dès que celles-ci s'associent, un surplus d'énergie se dégage qui n'est l'œuvre en propre d'aucune d'elles, mais bien de leur association. Une réflexion très simple suffit à le démontrer. Deux cents grenadiers, manœuvrant sous la direction d'un ingénieur, ont en quelques heures élevé l'obélisque de Louqsor sur sa base : suppose-t-on qu'un seul homme en deux cents jours en serait venu à bout ? Voici un fossé à creuser : cent ouvriers, se divisant en escouades pour se répartir la besogne, - fossoyeurs, chargeurs, porteurs et remblayeurs - y mettent un jour : combien plus de cent jours, chargé de toutes ces besognes à la fois, y mettrait un seul ouvrier ! C'est la preuve que l'union et l'harmonie des travailleurs, la convergence et la simultanéité de leurs efforts sont créatrices de valeur [2]. Cette constatation fournit à Proudhon l'un de ses arguments capitaux contre la propriété. S'il peut la dénoncer comme une espèce de vol, c'est d'abord qu'elle implique une appropriation individuelle des bénéfices du travail en commun. Le capitaliste, dites-vous, récolte ses bénéfices à bon droit : n'a-t-il pas payé les *journées* des ouvriers qu'il fait travailler ? Dites qu'il a payé autant de fois une journée

1 Qu'est-ce que la propriété ? p. 157.
2 *Qu'est-ce que la propriété ?* p. 121. Proudhon reprend et développe ces explications dans la *Création de l'ordre*, p. 366, et dans les *Contradictions économiques*, t. I, p. 242.

Chapitre II

qu'il a employé d'ouvriers chaque jour. Ce n'est pas la même chose. La résultante du concours des ouvriers, « différente en qualité des forces qui la composent et supérieure à leur somme », l'employeur la monopolise sans bourse délier. L'axiome de Say : « Tout produit vaut ce qu'il coûte » est donc violé ici. Entre maîtres et ouvriers, une « erreur de compte » se découvre. En généralisant, on s'apercevrait que toute production étant nécessairement collective, tout capital accumulé est une propriété sociale, et cela suffit pour qu'il soit impossible que quelqu'un en conserve la propriété exclusive [1].

On reconnaît ici des raisonnements analogues à ceux qu'utilise Karl Marx dans la première partie du Capital. Lui aussi, pour opposer, au caractère privé que garde l'appropriation en régime capitaliste, le caractère social qu'y prend la production, montre à l'œuvre le « Briarée collectif ». Lorsque celui-ci s'applique à la construction d'une maison, ses cent mains ne font-elles point passer les pierres beaucoup plus vite que ne le feraient les mains de travailleurs isolés montant et descendant l'échafaudage ? Que de « simple » la coopération devienne « complexe », que les besognes aillent en se décomposant, que le mouvement des machines entraîne et coordonne les gestes d'hommes de plus en plus nombreux, il devient de plus en plus manifeste que les valeurs créées ne sont l'œuvre et par suite ne devraient être la chose de personne en particulier : elles sont des émanations de groupements [2].

Faut-il dire que Marx a emprunté à Proudhon le noyau de cette argumentation ? Dans le passage de la *Sainte Famille* où il résume les théories de son prédécesseur, Marx n'a garde d'oublier celle de la force collective. Il est possible que de là cette théorie ait passé au *Capital.* Mais il faut convenir qu'elle y pouvait arriver par d'autres voies. « Les changements quantitatifs entraînent, lorsqu'ils atteignent un certain degré, des changements qualitatifs » - c'était un des principes favoris de Hegel. N'est-ce pas ce principe qui devait attirer l'attention de ses disciples socialistes sur les faits nouveaux qui apparaissent lorsque se groupent un certain nombre d'unités individuelles ? La manière dont Engels s'y prend pour expliquer ces faits, dans l'*Anti-Dühring*, le donnerait à penser. Sans doute

---

1 Qu'est-ce que la propriété ? p. 126, 155.
2 Nous avons cité le détail de ces thèses de K. Marx dans un article de la *Revue de métaphysique et de morale,* intitulé *Marxisme et sociologie* (novembre 1908).

Célestin Bouglé

s'est-il opéré ici dans le cerveau de Marx, comme il devait arriver tant de fois, une synthèse des deux traditions, l'allemande et la française.

Il reste que Proudhon le premier lance cette théorie de la force collective dans la circulation : le premier il marque avec netteté, en même temps que le principe économique auquel se rattache le phénomène qu'il observe, les conséquences sociologiques qui en dérivent.

Le principe, c'est encore Adam Smith qui le fournit ; la division du travail n'est-elle pas à ses yeux la source de tous les progrès de la production ? Or la force de collectivité n'est qu'une conséquence de la division du travail [1]. Par elle seule sont rendues possibles les coopérations et les commutations fécondes. Germain Garnier l'avait indiqué en passant ; il suffisait de développer cette remarque pour tirer de la théorie de Smith toutes ses « applications organiques ».

Notons que Proudhon restera fidèlement attaché à cette théorie. Il maintiendra que, pour expliquer les « effets de collectivité », elle est à la fois nécessaire et suffisante. Il n'ira jamais, par exemple, jusqu'à prendre à son compte l'affirmation dont beaucoup, parmi les réformateurs socialistes de son temps, se contentaient : « L'association est créatrice ». Les formules de ce genre lui paraissent vagues et lourdes de mysticisme. Sur ce point, il se sépare nettement de Fourier, comme de Pierre Leroux et de Louis Blanc. Dans *L'Idée générale de la Révolution au XIXe siècle* [2], il critique avec véhémence le principe sociétaire. C'est qu'il y voit, en même temps qu'une synthèse d'idées confuses, une menace pour la liberté individuelle. « L'association, présentée comme institution universelle, principe, moyen et but de la Révolution, me paraît cacher une arrière-pensée d'exploitation et de despotisme. » En fait, l'association n'a par elle-même aucune vertu organique ou productrice : bien fou qui, pour laisser le champ libre à cette puissance problématique et suspecte, rabattrait l'initiative des individus. Mais considérez seulement avec attention le mécanisme de la division du travail. Les collaborateurs ici restent autonomes, et chacun d'eux déploie de son côté son énergie entière : on voit pourtant naître,

---

1 C'est ce que déclare Proudhon dans une note de la *Justice* (VIIe étude, p. 154), qui est une réponse à Renouvier.
2 p. 88 et suiv.

de leurs énergies concertées, ce surplus de puissance dont il leur appartient de partager également le bénéfice. A quoi bon chercher plus loin le secret des effets en question ?

Fort de cette analyse d'économiste, Proudhon raille les efforts des sociocrates pour expliquer le rendement supérieur que fournit le travail lorsqu'il est organisé dans l'association. Ils invoquent la concurrence émulative, l'excitation mutuelle, la joie qui naît du groupement par affinités naturelles, etc. De ces explications psycho-sociologiques, Marx, peut-être, retiendra ou retrouvera quelque chose [1]. Proudhon n'en veut rien garder. Les forces que de pareilles explications montrent à l'œuvre ne sont pas, à ses yeux, des forces industrielles. Toutes ces théories de rêveurs ne sont rien que l'expression « mystique et apocalyptique » des faits découverts dans la pratique industrielle. Relisez Adam Smith : vous aurez la clef de vos énigmes ; vous serez, du coup, ramenés du mysticisme au positivisme.

Mais si Proudhon, pour expliquer la genèse de cette force collective, veut qu'on s'en tienne aux analyses inaugurées par les économistes, il étendra du moins, bien au delà du cercle de l'économie politique proprement dite, le champ d'application de cette force. Ce n'est pas seulement dans un atelier, mais dans une armée, ou dans un orchestre, ou dans une académie qu'il montrera à l'œuvre « une puissance synthétique spéciale au groupe, supérieure en qualité et en énergie à la somme des forces élémentaires qui la composent[2] ». Ailleurs il observe que ce qu'il dit de la division du travail en industrie peut être répété de la division des pouvoirs en politique. En d'autres termes, sur le tronc de l'économie politique traditionnelle, c'est un système sociologique qu'il s'efforcera de greffer.

Nous verrons ce système développer ses branches en divers sens. De la théorie de la force collective, en 1844, Proudhon n'a pas encore aperçu toutes les conséquences. Il n'a pas tiré au clair toutes ses idées sociologiques. Elles commencent du moins à s'agiter. dans sa pensée, et il n'est pas sans pressentir la grande place qu'elles y conquerront. Ne laissait-il pas entendre, dès cette époque [3], que la notion centrale de son premier mémoire est précisément la no-

---

1 Voir l'article cité plus haut, *Marxisme et sociologie*, p. 725.
2 *Justice*, IV, étude, p. 112.
3 *Correspondance*, tome I, p. 238.

Célestin Bouglé

tion des effets propres à l'action collective ?

Chapitre II

Chapitre III
LA CRÉATION DE L'ORDRE

Par les formules qu'il y faisait éclater comme autant « d'engins de Fieschi », les mémoires de Proudhon sur la propriété firent scandale.

Il n'en devait pas sans doute être très malheureux ; au contraire. Longtemps il mettra sa joie, même lorsque sa pensée sera très peu révolutionnaire au fond, à terrifier le lecteur par sa manière de la présenter. Mais, dès ce moment, il se rend compte que cette manière même risque de faire tort à sa pensée. On prend parfois ses imprécations au tragique, on ne prend pas au sérieux sa doctrine. Ainsi le polémiste des premiers mémoires, applaudi des uns, honni des autres, a étonné tout le monde : le philosophe a trouvé peu d'esprits pour le comprendre. On ne s'est guère aperçu que, sous la poussière soulevée par cette ardente discussion, étaient posées les premières pierres d'un système, destiné à abriter la science sociale enfin constituée, en même temps que le prolétariat définitivement émancipé. Proudhon, dès le lendemain de son acquittement, brûle donc du désir de rassembler ses théories, d'élever un monument encyclopédique.

La vie lui est, à cette période même, particulièrement dure. Il est devenu petit patron. Associé avec un de ses compatriotes, il s'est rendu acquéreur d'une modeste imprimerie. Mais il ne connaît guère, du patronat, que les angoisses. Ses affaires périclitent, son associé se suicide. En juillet 1842 il est trop heureux de céder son atelier à vil prix. Mais qu'importent fatigues et transes ! Elles n'empêchent pas un Proudhon de suivre son idée. Il faut avant tout que le « pauvre industriel » donne sa mesure intellectuelle, et publie son secret : *La création de l'ordre dans l'humanité* [1].

À entrevoir les effets que produira ce livre, Proudhon ne se tient pas d'enthousiasme. Lettre à Dalarageaz : « Cet ouvrage, j'ose l'espérer, vous montrera encore l'abîme de notre ignorance en vous découvrant, pour ainsi dire, un monde nouveau, dans ce monde déjà si vieux et sujet à tant de disputes. Vous y verrez quelles sont

---

1 De la création de l'ordre dans l'humanité, ou Principes d'organisation politique, 1843 (tome III des Oeuvres complètes).

les lois essentielles de la création, de la pensée et de l'ordre social. »
Lettre à Ackerman : « Vous trouverez dans ce volume toute une
métaphysique nouvelle autrement simple, claire et féconde que
celle de ces Allemands ». Lettre à Fleury : « Si je ne m'abuse pas et
que ma métaphysique soit aussi certaine que je le suppose, elle doit
entraîner une révolution dans toutes les sciences morales et philosophiques [1] ». Plus tard, Proudhon, le premier jugera avec sévérité
l'œuvre qui, dans la joie de l'enfantement, lui était si chère. Il reconnaîtra que le livre est « épais, assommant, indigeste ». « C'est un
livre manqué, j'ai voulu faire une encyclopédie, je ne savais rien [2]. »

Et il est trop clair que la *Création de l'Ordre* ne présente ni la belle
tenue, ni l'harmonieuse unité du discours sur la philologie que Renan va composer dans *l'Avenir de la Science,* ni la sobriété si nette
et si ferme déjà du programme de travail formulé par Auguste
Comte dès ses *Opuscules* de 1828. C'est l'examen de conscience
hâtif et comme fiévreux d'un autodidacte qui a trop d'idées. Et
beaucoup de celles qu'il énumère, non sans pêle-mêle, ne sont pas
élaborées encore. Tel quel, l'ouvrage contient nombre d'indications
précieuses. Et il reste pour nous particulièrement instructif. De cet
ensemble fumeux, des lueurs se dégagent qui éclairent le mouvement de la pensée de Proudhon. Elles nous aident à déterminer
sa situation historique. Elles nous permettent de préciser en quel
sens il va être l'adversaire d'Enfantin ou de Lamennais, l'émule de
Comte ou de Feuerbach, le débiteur de Fourier ou de Hegel, le
précurseur de Marx et d'Engels.

*
* *

Une chose frappe tout d'abord dans le livre : c'est l'attitude décidément hostile de l'auteur à l'égard de la religion. Dès ce moment, Proudhon ne cherche plus le terrain d'entente. Il brûle les
ponts derrière lui. Il proclame que, pour une humanité progressive, dogmes, rites, croyances consacrées ne peuvent plus être que
des impedimenta. « La religion est hostile à la science et au progrès [3] : cette proposition, qu'on pourrait croire dictée par l'impiété
et la haine, est presque un article de foi. » Ajoutez : La religion est

1 *Correspondance,* t. III, p. 388, II, p. 27, 102.
2 Voir Sainte-Beuve, *P.-J. Proudhon,* p. 217.
3 Création de l'ordre, p. 10.

par-dessus tout hostile à la morale. Vous possédez le programme des thèses qui seront développées si abondamment, en 1858, dans la « Somme » anti-cléricale intitulée *la Justice dans la Révolution et dans l'Église.*

Incapable de pénétrer la raison des choses et plus impuissante encore à réaliser l'ordre dans la société, bonne peut-être pour maîtriser les volontés mais sans éclairer les intelligences, cause de relâchement et de stérilité, dépourvue de toute force évolutrice et créatrice, telle apparaît, dans la *Création de l'Ordre* déjà, l'institution religieuse. Proudhon commence dès ce moment ces sortes de litanies laïques que dix ans plus tard il poursuivra sans se lasser. Il n'est, il ne veut être d'aucune congrégation, ce sont ses premiers mots ; il dénonce âprement toutes les entreprises, d'où qu'elles viennent, qui visent à « embéguiner le peuple [1] ».

Ici encore, pour expliquer cette attitude, il faut se représenter contre quel courant Proudhon réagit. Le premiers tiers du XIXe siècle voit se répandre, après la débauche de rationalisme que fut la Révolution, une sorte de nostalgie de la croyance. Ce ne sont pas seulement les traditionalistes qui crient la nécessité du retour à la foi. Les réformateurs entendent bien, en matière de religion, ne pas rester en arrière des traditionalistes. Quand on ne demeure pas attaché aux religions consacrées, on n'hésite pas à en créer une nouvelle. Aussi, comme dit Erdan, l'auteur de la *France mystique*, ce ne sont partout que « hiérarchiseurs, dominateurs, fabricateurs de symboles, imitateurs du sacerdoce égyptien, thibétain ou japonais ». Les saint-simoniens, ces polytechniciens mystiques, ont poussé le plus loin cette sorte de manie. Mais il reste peu de penseurs qu'elle n'ait touchés, au moins un instant. Chez un Pierre Leroux, chez un Louis Blanc, chez Quinet même, ne sent-on pas, sinon une religion avouée, au moins une religiosité latente ?

Il faut voir quel effet de consternation produisent chez les Allemands qui viennent demander des leçons au génie révolutionnaire de la France, ces survivances inattendues. Ils n'en veulent pas croire leurs yeux [2]. Et ils regrettent amèrement que ces Welches n'aient pas lu Feuerbach, - Feuerbach le libérateur, qui, en dévoi-

---

1 *Système des contradictions économiques*, t. I, p. 327.
2 Nous avons analysé cet état d'esprit dans un article sur l'Alliance intellectuelle Franco-Allemande en 1844, (Grande Revue, 25 août 1910).

Célestin Bouglé

lant *l'Essence du christianisme,* a pour jamais appris aux hommes à se défier des fantômes que leur désir projette au ciel.

Un seul penseur console ces voyageurs désappointés, qui résiste de toute son énergie à l'entraînement général vers le mysticisme : c'est justement Proudhon. « Proudhon est le seul Français complètement libre de préjugés que j'aie jamais connu », s'écrie Karl Grün. Et il institue entre Proudhon et Feuerbach lui-même un parallèle méthodique [1].

Karl Marx, vingt ans plus tard, lorsqu'il réglera si cavalièrement le compte de son ex-ami défunt [2], gardera un souvenir indulgent au critique de la foi que Proudhon sut être. « Ses attaques contre la religion et contre l'Église avaient du moins un grand mérite local à une époque où les socialistes français se targuaient de leurs sentiments religieux comme d'une supériorité sur le voltairianisme du XVIIIe siècle et sur l'athéisme allemand du XIXe siècle. »

À vrai dire, quand le marxisme sera en pleine possession de son matérialisme historique, il pourra juger oiseux toute attaque contre la religion. La religion rentre dans l'idéologie, qui n'est elle-même que superstructure. Concentrons nos efforts sur le mécanisme économique : celui-ci transformé, le reste viendra de soi. La libération intellectuelle suivra la libération matérielle.

Proudhon n'arrivera jamais à ce sang-froid à la fois révolutionnaire et fataliste. Il fonce directement sur les croyances qui lui paraissent barrer la route. En cela il reste en effet, beaucoup plus que les socialistes allemands, fidèle à l'esprit du XVIIIe siècle. Il n'a pas tort, dans son entrevue avec Persigny [3], d'énumérer les Encyclopédistes parmi ses ancêtres. À leur héritage il doit, sans doute, ce goût de la netteté intellectuelle qu'il opposera comme une digue aux flots troubles de la sentimentalité romantique. La lutte de Proudhon contre la religiosité débordante des réformateurs de son temps est l'une des formes de sa lutte contre le romantisme. Et contre le romantisme c'est bien la tradition « rationaliste » qu'il renoue [4].

1 Die soziale Bewegung in Frankreich und Belgien, 1845, p. 491 et suiv.
2 Dans une lettre au Sozial-Demokrat de janvier 1865, publiée en appendice de l'édition française de la *Misère de la Philosophie,* 1901, p. 264.
3 *La Justice* dans la Révolution et dans l'Église, VIIe étude, p. 146.
4 *Création de l'ordre,* p. 34, en note : « Le rationalisme du siècle, plus encore que la répugnance universelle pour une organisation aristocratique et féodale, a tué le saint-simonisme ».

Chapitre III

Toutefois, l'on s'en doute, sur plus d'un point sa polémique empruntera des méthodes toutes différentes de celle de ses initiateurs. En particulier, elle empruntera la méthode historique, et elle s'imprégnera de l'esprit que cette méthode comporte. Proudhon ne se contente pas de dénoncer les méfaits de la foi. Il est capable de reconnaître qu'elle eut ses avantages. Il sait qu'à une certaine phase elle était nécessaire. Elle a soutenu les premiers pas, elle a réglé les premiers gestes, elle a discipliné les premiers sentiments de l'humanité. Proudhon pratique donc ici les justifications provisoires que ne connaissait guère le XVIIIe siècle [1], - justifications provisoires qui aboutissent d'ailleurs aux condamnations définitives. Le jugement par l'évolution que Proudhon entend prononcer ici sur la religion est à la fois le plus indulgent et le plus sévère de tous les jugements. Le plus indulgent, car il proclame volontiers les services qu'à un certain moment elle a rendus. Le plus sévère, car il déclare ce moment passé pour jamais. C'est le « sens du courant » que l'auteur de la *Création de l'Ordre* oppose à ceux qui rêvent d'impossibles résurrections : saint-simoniens et éclectiques, qui annoncent pour demain l'ouverture d'une nouvelle période religieuse, n'ont donc pas regardé la courbe du mouvement intellectuel ? Ils brouillent les dates en même temps que les idées.

« La religion, première forme de la pensée humaine, sorte de préparation à la science, ne tend pas à vivre, mais à mourir. Pour apprécier sa nature transitoire, il faut considérer, non l'universalité de son existence, mais l'universalité de son dépérissement. Est-ce que moi qui suis vieux, je puis rentrer dans le sein de ma mère et revenir au monde ? disait au Christ le pharisien Nicodème. Génération du XIXe siècle, tu ne saurais non plus rentrer dans le giron de l'Église. La période religieuse est finie pour toi [2]. » Plus que celle d'un Voltaire dénonçant les calculs des prêtres, l'argumentation de Proudhon rappelle ici celle d'un Auguste Comte relevant la loi qui détermine, après l'apogée, le déclin de l'état théologique.

De fait, sur plus d'un point, en attendant de diverger, la pensée de Proudhon et celle de Comte coïncident. Dans la *Création de l'Ordre* comme dans le *Cours de philosophie positive*, une loi des

---

1 « Longtemps il a été de mode d'attribuer cette conjuration aux prêtres et aux rois ; rien n'est plus injuste ». (*Création de l'Ordre*, p. 12.)
2 Création de l'Ordre, p. 34.

Célestin Bouglé

trois états se dessine. Faut-il dire que l'œuvre de Proudhon n'est ici qu'un décalque de celle de Comte ? Comte avait sans nul doute formulé la loi avant Proudhon. Mais Saint-Simon avant Comte. Il est vraisemblable que Proudhon reçoit l'idée inconsciemment, comme il en recevra plusieurs autres, de la tradition saint-simonienne plus encore que de l'influence du positivisme naissant. Dans la 2e édition de la *Création de l'Ordre,* il note lui-même, avec l'air d'un homme qui a trouvé seul son chemin, les coïncidences entre ses formules et celles du positivisme [1].

Après l'âge de la religion est venu celui de la philosophie. Après l'âge de la philosophie doit venir celui de la métaphysique. Ce que j'appelle métaphysique correspond, dira Proudhon dans une note, à ce que M. Comte appelle Philosophie positive. *Critique* eût été sans doute ici encore l'expression la plus juste. Proudhon prétend moins instituer un système nouveau que dégager une méthode de l'observation même des sciences. Tant que l'esprit humain a cru atteindre les substances, il a divagué dans la foi. La philosophie renonce aux *substances : mais* elle s'attache aux *causes.* C'est ainsi qu'elle s'embarrasse dans des déductions qu'elle croit productives, et qui ne sont que des tautologies stériles. Comprenons que nous ne pouvons saisir que des *rapports.* Les sciences en dédaignant, pour les rapports, les causes comme les substances de la nature, ont progressé. Imitons leur prudence, et le dernier refuge de « l'idéomanie » sera détruit [2]. Les choses de la morale aussi deviendront la matière d'une science exacte.

*

*   *

L'idée rénovatrice que Proudhon pense dégager du progrès même des sciences est une idée qui lui est suggérée par le système de Fourier : l'idée de *série.*

La secte fouriériste agace Proudhon. Il lui reproche à elle aussi ses allures romantiques, mystiques, illuministes. Il lui en veut d'annoncer une révélation de plus, et de diviniser encore un homme.

---

1 P. 6. Dans les *Contradictions économiques,* t. I, p. 10, il renverra, pour la démonstration de cette thèse, que « toute science se développe en trois époques successives », au *Cours de philosophie positive* en même temps qu'à sa propre *Création de l'Ordre.*

2 Création de l'ordre, p. 45 et suiv.

Il est vrai que Fourier laisse à ses fidèles l'exemple de toutes les extravagances. Son imagination en délire surcharge tous ses plans de détails étranges ou puérils. C'est le type de l'idéomane fasciné par ses inventions. Musicien avant tout, il fait évoluer la nature et la société comme on organise un ballet [1].

Mais Proudhon a beau multiplier les sévérités : cette fontaine magique est la première où il a bu, Dégrisé, il garde pourtant le souvenir des visions qu'elle lui a suggérées. Pendant de longues années, le vocabulaire fouriériste, - gérances, pivots, foyers, modes simples, modes composés, - revient obstinément sous sa plume. Les catégories fouriéristes restent à ses réflexions et à ses recherches, ce que sont aux recherches et aux réflexions de Marx les catégories de Hegel. Il reconnaît lui-même que sous le fatras romanesque du *Nouveau monde industriel* se cache plus d'une intuition lumineuse. Bien souvent, il se bornera à condenser en prose l'exubérante poésie de son compatriote. La « loi sérielle » résulte de l'une de ces transpositions. « La série de groupes contrastés, avait prononcé Fourier, est le procédé adopté par Dieu dans toute la distribution des règnes et de l'univers » : et c'est pourquoi l'humanité, imitant la nature, doit s'organiser en phalanstères. Retrouver partout des séries, c'est le mot d'ordre que Proudhon propose à la « métaphysique » [2].

Mot d'ordre assez énigmatique : à vouloir préciser l'expression de série il semble bien que Proudhon lui assigne des sens assez différents. Si la loi sérielle n'a pas survécu, et si elle a peu contribué en fait à l'organisation des sciences sociales, n'est-ce pas peut-être qu'elle était trop plastique et se prêtait aux déterminations les plus opposées ?

Ce que Proudhon veut avant tout signifier, semble-t-il, c'est que l'univers est différencié, et que la connaissance humaine en doit retrouver les divisions naturelles. En d'autres termes, c'est d'abord à une besogne de classification qu'elle doit s'attacher.

Mis en éveil peut-être par l'œuvre des Cuvier et des Jussieu [3],

---

1 *Création de l'Ordre*, p. 122 et 277, en note. Proudhon s'est expliqué déjà sur Fourier et le fouriérisme dans la 1re partie de *l'Avertissement aux propriétaires*, p. 53 et suiv.
2 Création de l'ordre, p. 120.
3 Création de l'Ordre, p. 284.

Célestin Bouglé

qui viennent d'organiser sous ses yeux la botanique et la zoologie, Proudhon rappelle que tout travail scientifique doit commencer par la distinction des genres et des espèces. L'un des mérites de la théorie platonicienne des idées est d'exprimer à sa façon cette vérité [1]. C'est sur l'hétérogénéité foncière des choses que Proudhon insiste alors [2]. Et de cette hétérogénéité il tire argument contre ceux qui abusent des analogies à la manière de Fourier. À plus forte raison proteste-t-il contre ceux qui voudraient réduire à l'unité toutes les différences. On a justement remarqué que le sentiment de la diversité des formes de l'être est essentiel à la philosophie positive, qui n'est moniste à aucun degré. Le même sentiment est plus vif encore chez Proudhon, Ce qu'il reproche à Platon, c'est précisément d'avoir méconnu l'indépendance des séries. Et il pousse tellement loin, à ce moment, le respect de cette indépendance qu'il va jusqu'à se détourner de l'un des programmes qui l'avait un moment séduit. *Mundum regunt numeri,* prise à la lettre, cette formule lui paraît maintenant dangereuse. On n'a nul droit de conclure des propriétés des nombres *à* celles de la vie, a *fortiori à* celles de la société. L'ordre doit toujours tenir compte des qualités spécifiques. A ce prix seulement l'on peut espérer constituer une sorte d'algèbre supérieure dont la notion de série serait précisément le pivot [3].

Mais, qu'elle soit principe de différenciation, ce n'est pas assez dire. La série est aussi principe d'organisation. Trouver une série, ce n'est pas seulement dégager ce par quoi se distinguent des autres un certain nombre d'êtres ou d'éléments, mais ce par quoi ils tiennent ensemble et forment un tout harmonieux. Les éclectiques n'avaient pas tort qui définissaient l'ordre : l'unité dans la multiplicité. Il fallait ajouter que cette unité est l'œuvre de la série, autre nom de la symétrie. Un animal, avec l'admirable agencement des organes, multiples et solidaires, qui le constituent, est une série vivante. Au vrai la série n'est pas seulement espèce, elle est synthèse [4].

D'une manière plus générale, la série est groupe. Et à ce titre la notion nous intéresse spécialement. Elle amorce les considérations <u>sociologiques</u> auxquelles Proudhon fera une place de plus en plus

1 *Ibid.,* p. 110.
2 Il remarque à ce propos l'importance du terme de « séparation » dans la *Genèse* (p. 89).
3 Création de l'Ordre, p. 104, 106, 108,
4 *Création de l'Ordre,* p. 184,143 et suiv.

large [1].

« L'esprit ne peut connaître que des rapports. » « Tout ce qui existe est groupe [2]. » Rapprocher ces deux principes, vous avez de quoi répondre à ceux qui, partisans de ce qu'on peut appeler l'individualisme métaphysique, vont répétant qu'il n'y a de réel que les individus et que la société n'est qu'abstraction.

Dans la *Philosophie du Progrès*, Proudhon développera cette réponse. Il n'opposera pas seulement, à l'être immobile qui fut si longtemps l'idéal de la philosophie, le mouvement universel, mais au simple le composé. La recherche des éléments simples est encore une course décevante après l'absolu. Tout ce qui existe est synthèse : « hors du groupe il n'y a que des abstractions et des fantômes ». Et ainsi l'espèce de retournement d'argumentation, par lequel ont souvent répondu ceux qu'on accusait de réalisme, social, pourra déjà être utilisé par Proudhon. La société n'existe pas en soi et à part, dites-vous, comme existe un individu ? Mais faites attention que l'individu lui-même est déjà multiplicité, colonie, société. Une critique préalable des conditions de l'existence et de la connaissance qui nous délivre de l'obsession atomiste justifie une conception sociologique du monde. Dès la Création *de l'ordre*, en même temps que les principes de cette critique sont posés, les linéaments de cette conception apparaissent. Et l'un des services que Proudhon attend de la notion de série, c'est de préparer les esprits à la compréhension des effets propres à la collectivité.

C'est ainsi qu'il reprend, pour l'éclairer par cette notion nouvelle, la théorie de la force collective esquissée dans ses premiers mémoires. Le surplus de puissance qui se dégage de l'action commune tient, nous l'avons vu [3], à la façon dont le travail est divisé entre les hommes. Or, des groupements spécifiques d'unités coordonnées, qu'est-ce autre chose qu'une série ?

C'est pourquoi Proudhon écrira de la division du travail qu'elle est la série elle-même se manifestant aux yeux, « s'incarnant dans la société [4] ». Rencontre et combinaison curieuse de l'influence de

1 Voir la théorie « idéo-réaliste - esquissée p. 232 de la *Création de l'Ordre*, en note. On y voit en quel sens les sociétés doivent être, aux yeux de Proudhon, les êtres les plus réels.
2 Voir la Philosophie du Progrès, p. 36.
3 Voir plus haut, p. 77 et suiv.
4 Création de l'ordre, p. 269.

Célestin Bouglé

Fourier avec celle d'Adam Smith.

*
* *

Dans ses mémoires sur la propriété, Proudhon « égalitaire » déduisait, de la théorie de la force collective, le bien fondé de ses aspirations. Il va développer et compliquer, par l'introduction de la notion de série, cette même démonstration. À travers la philosophie de la diversité et de la synthèse que le progrès des sciences lui suggère il trouve moyen de rejoindre cette religion de l'égalité qui possède son cœur.

La série est une idée pratique en même temps qu'une idée théorique. Elle découvre l'ordre dans les choses. Elle le prescrit aux hommes. Elle les aide à la concevoir et à la réaliser. L'organisation du travail, dira Proudhon repris par son rêve d'une mathématique de la justice, qu'est-ce autre chose qu'une série à calculer ? Et d'abord, puisque l'ordre sériel veut la synthèse en même temps que la division, une organisation du travail sera déclarée anormale qui mutile l'individu en le rivant à une besogne parcellaire. « Appellerai-je travailleurs des malheureux à figure humaine, passant leur vie au fond d'une mine ou dans l'infection d'un atelier, et répétant sans fin la même parcelle de travail, comme le pilon d'un mortier, le battant d'une cloche, le marteau d'une forge [1] » ? Il faut, - c'est l'une des vérités que le génie de Fourier pressentait, - que l'ouvrier ait fait le tour de son métier ; il faut qu'il soit capable de composer l'objet même dont il façonne une partie et ainsi de le comprendre. Éducation nécessaire qui est aussi l'éducation suffisante. Car en un sens tout est dans une série, et une action professionnelle complète donne à l'intelligence toutes les ouvertures qu'on peut souhaiter. On voit poindre ici cette théorie de la culture générale par le travail que Proudhon, type lui-même de l'industriel-intellectuel, développera avec tant d'amour. « Que de choses peuvent se trouver entre le marteau et l'enclume ! Que de merveilles autour d'un écheveau et dans le fond d'une navette ! Que de goût et de délicatesse sous le ciseau et le rabot [2] ! » Qui possède l'art de superposer ainsi des séries artificielles aux séries naturelles tient dans le creux de la main tous les secrets du monde, ceux du moins qu'il importe de connaître.

---

1 Création de l'Ordre, p. 274.
2 Création de l'Ordre, p. 272.

Tous les métiers bien enseignés mènent à la philosophie.

De ce point de vue, il apparaît que toutes les fonctions sociales sont équivalentes. Et il apparaîtrait aussi bien vite, si la méthode sérielle était plus scrupuleusement pratiquée, que les facultés intellectuelles sont beaucoup moins inégales qu'on se l'imagine volontiers, dans le monde anormal où nous vivons. Une critique qui, par l'ordre même qu'elle introduit dans le monde, simplifie tous les problèmes, rend la science singulièrement plus accessible et diminue les distances entre le génie et le sens commun. « Le génie n'est plus qu'une anticipation de la méthode. » Donc, en dépit des premières apparences, en dépit aussi des analogies équivoques que les partisans de la hiérarchie empruntent à la nature, « le fait d'inégalité intellectuelle entre les individus est purement accidentel et transitoire, la tendance de la société est à l'égalité des intelligences comme au nivellement des conditions : l'équivalence des talents et capacités est la norme de la raison collective dont nous ne sommes tous que des manifestations [1]. »

*
* *

Dans cette affirmation de l'égalité première des capacités on reconnaît une thèse chère à la philosophie du XVIIIe siècle. Mais l'argumentation rationaliste va se doubler ici d'une argumentation d'historien, qui fait penser à Tocqueville plus qu'à Helvétius. Ce sont les « tendances de la société » que Proudhon s'applique par-dessus tout à dégager. Le processus historique est à ses yeux le révélateur par excellence. Par le mouvement se définissent peu à peu les conditions de l'équilibre. « L'observation du progrès, en beaucoup de cas, est indispensable à la découverte de l'ordre. » Voilà pourquoi « la science sociale ne marchera qu'à l'aide de la législation comparée et de l'histoire [2] ». En d'autres termes, le plan divin ne se laisse déchiffrer que dans la suite des faits - La méthode historique d'abord : à cette prescription aboutit la « métaphysique » proudhonnienne.

Pour incorporer cette idée à son système, Proudhon ne craindra pas de dilater une fois de plus la notion de série. Il la présentera non plus seulement comme espèce ou comme synthèse, mais

---

1 Création de l'ordre, p. 282 et suiv.
2 Création de l'Ordre, p. 7.

Célestin Bouglé

comme progression. Il y verra à l'œuvre une sorte de loi dialectique par laquelle les aspects de la vérité se dévoilent successivement. Platon a eu le tort de ne pas le comprendre : c'est par sa « loi de formation » que la série démontre à l'esprit l'idéal. Et sans doute un moment viendra où les allées et venues de l'humanité cesseront. Proudhon, comme plus tard Cournot, pressent une époque où il n'y aura plus d'histoire. La civilisation prendra « le manteau de l'éternité [1] ». Mais ce terme ne peut être atteint qu'à travers un certain nombre de phases. Cette paix doit se gagner par la lutte. « La destinée de l'humanité est de s'instruire et de s'organiser par elle-même... L'ordre dans l'humanité ne pouvait se créer que successivement [2]. »

C'est pourquoi Proudhon appliquera aux autres institutions sociales la méthode de justification provisoire qu'il a appliquée à la religion. De la propriété quiritaire comme de la monarchie absolue il rappellera qu'elles ont pu être momentanément nécessaires pour l'éducation de l'humanité. Ainsi, dit-il, certains organes lactifères paraissent à la radicule des plantes au temps de la germination, qui se dessèchent et meurent aussitôt que le végétal a pris un certain accroissement. La revendication égalitaire gagnera en autorité, semble-t-il penser, s'il évoque les expériences historiques sur lesquelles elle s'appuie, le travail séculaire dont elle est l'aboutissant logique. Et ici encore, pour exprimer ce qui distingue son ambition de celle de ses prédécesseurs du XVIIIe siècle, il rencontrera des formules analogues à celles de Marx : « Découvrir par l'analyse du progrès accompli le progrès qui reste à faire, se placer dans la ligne suivie par la nature à notre insu, aider au travail de celle-ci, mener à bonne fin ce qu'elle a commencé [3]. »

Mais surtout, dans la *Création de l'Ordre,* l'espèce de matérialisme historique déjà visible dans les mémoires sur la propriété prend des formes plus nettes. Le jeune philosophe-économiste s'empresse de greffer sa philosophie de l'histoire sur l'économie elle-même. L'économie politique, pour laquelle Auguste Comte sera si sévère, est au contraire, aux yeux de Proudhon, le type de la science à la fois exacte et positive [4]. La période religieuse et philosophique a été

1 Création de l'Ordre, p. 207.
2 *Ibid.,* p. 259.
3 Correspondance, III, p. 386.
4 Création de l'ordre, p. 236.

pour elle à pou près nulle. Elle emploie à chaque instant les équations sérielles. Elle fournira à l'histoire les principes d'explication qui permettront de lui imprimer enfin un caractère scientifique. Un Ballanche, un Lamennais ont bien pu décrire l'avènement du plébéianisme à la puissance [1], pour expliquer le phénomène il eût fallu faire entrer en ligne de compte la série économique. C'est toujours à elle qu'il en faut revenir pour comprendre le passé, comme pour ordonner le présent.

Est-ce que les recherches de M. Blanqui, montrant comment les transformations industrielles agissent sur les rapports des classes et des nations, ne dévoilent pas les lois de l'histoire beaucoup plus clairement que toute la philosophie des Vico, des Bossuet, ou même des Montesquieu ? Des lois économiques meuvent les sociétés. Elles font successivement apparaître et disparaître castes, monarchie, régime féodal. Et partout où les perturbations se multiplient, c'est que les conditions de l'ordre économique ne sont pas respectées. De ce point de vue, on pourra dire que l'économie politique embrasse tout : l'organisation de l'atelier et du gouvernement, la législation, l'instruction publique, la constitution de la famille, la gérance du globe : « elle est la clef de l'histoire, la théorie de l'ordre, le dernier verbe du Créateur [2] ».

Il va sans dire que, même ici, l'économisme de Proudhon ne se montrera pas aussi tranchant, aussi *einseitig* que l'est, sous sa première forme au moins, celui de Marx et d'Engels. L'auteur de la *Création de l'Ordre* semble admettre, par exemple, que la division des pouvoirs précède la division du travail proprement dite. La société se constitue d'abord, sous une forme ou une autre, *des magistrats*. Leur pression s'exerce sur la répartition des besognes. En ce sens, l'ordre politique se manifeste le premier et prélude à la création de l'ordre industriel. La pensée de Proudhon à ce moment est plus près de celle de Dühring que de celle d'Engels.

Il n'en reste pas moins que Proudhon a mis le doigt sur le noyau du matérialisme historique, s'il est vrai que le matérialisme historique est avant tout une technologie, une philosophie de l'outil, un bilan de ce que doivent à la transformation des moyens de production la structure sociale, et les habitudes intellectuelles elles-

---

1 Création de l'ordre, p. 300.
2 Création de l'Ordre, p. 353.

Célestin Bouglé

mêmes. Le souci de l'action, et des influences directes ou indirectes exercées par les formes diverses de l'action, a remis aujourd'hui en honneur les théories de ce genre : le « pragmatisme » a réveillé le « technicisme ». Mais d'ordinaire on néglige, sur ce point encore, de rendre à Proudhon son dû. Ses origines et ses expériences le prédestinaient à élaborer, pour l'opposer à l'apologie des idées abstraites et des facultés contemplatives, une véritable philosophie du travail.

Elle ne possède pas encore, sans doute, dans *la Création de l'Ordre*, l'ampleur qu'elle prendra dans la *Justice, où l'Alphabet industriel* est dressé, et les « Éléments du Travail » méthodiquement présentés comme les « Éléments du Savoir ».

Proudhon est du moins, dès 1843, en possession de ses principes technologiques. De la tradition d'A. Smith il déduit que « ce seul mot *travail* renferme tout un ordre de connaissances ». Voulez-vous définir ce qui distingue le mieux l'homme des animaux ? Demandez-le à l'économiste. Il vous dira : l'homme est l'animal qui travaille. Toutes ses supériorités tiennent à la faculté de multiplier sa puissance « au moyen d'organes supplémentaires dont il arme sa nudité ». Aux séries naturelles, il substitue, parles nouveaux rapports qu'il introduit entre les éléments, des séries artificielles. Et ainsi un nouveau règne se constitue qu'il importe de nommer *règne industriel.* Un nouveau monde se crée, dont l'outil est le créateur. C'est appuyé sur le matériel social, pourrait-on dire, que l'humanité monte. « Le progrès de la société se mesure sur le développement de l'industrie et la perfection des instruments [1]. »

C'en est assez pour que nous puissions conclure que Proudhon, avant Marx et Engels, commentait méthodiquement la formule de Franklin : « l'homme est le faiseur d'outils » et démontrait à sa manière « la solidarité de toute pratique et de toute théorie [2] ».

En même temps qu'une sociologie, une technologie est esquissée dans la philosophie de l'histoire à laquelle aboutit la « Métaphysique » de la *Création de l'Ordre.*

---

1 Création de l'Ordre, p. 242.
2 Ce sont les expressions qu'emploie M. Andler, dans son *Commentaire du Manifeste communiste,* pour définir la tendance essentielle de la philosophie marxiste.

Chapitre III

Chapitre IV
LES CONTRADICTIONS ÉCONOMIQUES

Entre 1843 et 1846, Proudhon parfait son éducation d'économiste. Après Blanqui, Joseph Garnier l'accueille avec bienveillance. On le met en relations avec la « coterie », avec les membres de la *Société d'économie politique* et leur éditeur Guillaumin. Robuste dévoreur de livres, Proudhon a vite fait de s'assimiler les doctrines familières à ce milieu académique. Il juge et classe rapidement les interprétations, rectifications ou atténuations que les Dunoyer, les Rossi, les Michel Chevalier proposent de l'« industrialisme » anglais transplanté en France par J.-B. Say. Et par-dessus toute cette tradition il revient à Adam Smith, dont il pense comprendre et utiliser, mieux que ses disciples bourgeois, les intentions géniales.

À ces études théoriques les leçons de la pratique s'ajoutent. Nous avons vu que Proudhon avait été petit patron : juste assez de temps pour connaître les soucis propres aux entrepreneurs ; en connaissance de cause, il pourra reprocher plus tard aux ouvriers signataires du *Manifeste des soixante* de méconnaitre les « tribulations » qui sont le lot de la petite bourgeoisie.

D'autres expériences vont l'initier à la vie du grand commerce. Son imprimerie à vau l'eau, des amis d'enfance, les Gauthier, lui offrent une place dans leur maison ; ils transportent les houilles par le canal du Rhône au Rhin. Proudhon sera leur chargé d'affaires, le chef de leur contentieux. À Lyon, où il réside le plus souvent, on l'appelle l'avocat des Gauthier. C'est alors qu'il complète par la pratique son éducation d'économiste.

« Je multiplie mes observations et j'achève *ab experto* mon cours d'économie politique, commencé avec Adam Smith et Say... Mon temps ne sera pas perdu ; après avoir été comme industriel tué par la concurrence, je contribue à mon tour à en écraser d'autres, et vous n'imaginerez jamais l'effet terrible que produit une théorie savante employée en mode destructeur [1] » Proudhon devient un professionnel de la comptabilité. Il apprend à discerner, sous l'agitation des hommes, le mouvement mesurable des valeurs. Son imagination voit à l'œuvre les mécanismes qui, accélérant ou re-

---

1 Lettre du 20 septembre 1843. (*Correspondance,* t. II, p. 100.)

Célestin Bouglé

tardant la circulation, accroissent ou diminuent la vitalité de tout l'organisme social. Ainsi l'ex-typographe acquiert une compétence, des goûts, un regard de financier.

Le livre que Proudhon élabore sous ces influences est un traité d'économie politique, mais un traité d'économie politique qui touche à tous les problèmes métaphysiques, - une vraie Bible, dira Marx, qui à son tour reprochera [1] à Proudhon les « révélations » que celui-ci reprochait à Saint-Simon et à Fourier. Les *Contradictions économiques* ne traitent pas seulement de la division du travail et du machinisme, de l'impôt et de la propriété, mais des rapports de l'homme avec Dieu, en même temps que de l'individu avec la société. Proudhon n'a pas renoncé encore aux magnifiques ambitions de la *Création de l'ordre*. Il reste persuadé que les économistes n'ont pas tiré de leurs théories toutes leurs conséquences diverses. C'est qu'ils ne voyaient pas assez large : le sens philosophique leur manquait. Ils ont passé, sans la recueillir, à côté de cette vérité que la conception de la série devait mettre en lumière : tout est dans la science économique. Convenablement interprétée, celle-ci peut être à la fois une ontologie, une logique, une psychologie, une biologie, une politique, une esthétique, une symbolique et une morale [2].

Le livre, semble-t-il, déconcerta quelque peu les lecteurs. Il mécontentait pleinement ceux qui croyaient déjà posséder une solution des questions sociales. Il ne contentait nullement ceux qui n'en avaient pas trouvé encore. Proudhon, à cette date, a pris une conscience plus nette de sa situation intermédiaire. Il déclare formellement qu'il veut prendre position entre les deux puissances qui « se disputent le gouvernement du monde et s'anathématisent avec la ferveur de deux cultes hostiles », l'économie politique et le socialisme [3]. Si l'une n'est que la servante de la routine, l'autre n'est que le prêtre de l'utopie. L'une nie la raison, l'autre l'expérience. Celui-ci ne tient pas compte des faits et calomnie le passé. Celle-là ne tient compte que des faits, sans chercher à découvrir l'ordre nouveau qu'ils préparent et exigent : elle dédaigne l'avenir.

Est-ce à dire que les deux partis en présence n'ont découvert, ni

1 Deuxième Avant-Propos de la *Misère de la philosophie*.
2 *Système des contradictions économiques*, t. II, p. 396, 399.
3 *Correspondance*, II, p. 226 ; *Contradictions*, I, p. 37.

Chapitre IV

l'un ni l'autre, aucune vérité utilisable ? Non pas. Car justement il existe des vérités qui se contrarient : des propositions antithétiques ont autant de droits l'une que l'autre à être affirmées. En conséquence, il se peut que sur bien des points l'économie politique ait raison sans que le socialisme ait tort. Il est vrai, par exemple, que la division du travail dégrade l'humanité ; il est vrai aussi qu'elle est l'inéluctable condition, non seulement du progrès industriel, mais de l'égalité sociale elle-même. La concurrence est nécessaire à la stimulation du génie et à l'émancipation du travail ; en même temps, elle annihile par ses effets subversifs la liberté réelle du plus grand nombre. Pour nous enrichir par des échanges plus fréquents, nous produisons le plus possible de valeurs ; mais multiplier les valeurs, c'est fatalement *les* avilir. Et, *en* ce sens, qui crée détruit. Proudhon se plaît à accumuler les antinomies de ce genre. *Credo quia contrarium,* s'écrie-t-il ; il n'est content que lorsqu'il a retourné une argumentation et plaidé le contre après le pour. De là l'impression bizarre que laisse l'œuvre. On y voit des idées s'envoler dans tous les sens, se heurter, retomber, se relever, bataille bruyante et désordonnée où l'on cherche vainement les triomphateurs. L'organisateur de ce tumulte intellectuel ne serait-il pas tout simplement un sophiste qui s'amuse à nous étourdir [1] ?

On sait quelle explication a été proposée de ce goût de Proudhon pour les antinomies. Il aurait été victime du prestige de la philosophie allemande, et en particulier de celui de la philosophie hégélienne, qui enseigne que tout procède par affirmation, négation et négation de la négation. C'est moi, déclare Karl Marx, qui suis responsable de la sophistication de Proudhon, c'est moi qui l'ai infecté d'hégélianisme. Marx s'empresse d'ailleurs de démontrer que cet élève impatient n'a rien compris à ses leçons. L'auteur des *Contradictions économiques* a cru faire fonctionner la dialectique hégélienne. En réalité il l'a déformée et faussée. Trop conciliateur, il lui enlève sa pointe. Ne voudrait-il pas chasser de l'histoire ce « mauvais côté » qui en est le véritable moteur ? Une fois mis en balance les avantages et les inconvénients d'un principe économique, - division du travail ou concurrence, - le problème est pour lui de conserver ceux-là en éliminant ceux-ci. Au fond, c'est un éclec-

1 Telle est bien l'impression de M. Desjardins (*P.-J. Proudhon, sa vie, ses œuvres, sa doctrine*, p. 82)

Célestin Bouglé

tique bien plutôt qu'un hégélien. Et il est éclectique, parce qu'il prend en effet entre les classes en lutte la place d'un intermédiaire. Sa mentalité est celle du petit bourgeois [1].

Que Proudhon se soit informé avec passion des systèmes des philosophes allemands, et de celui de Hegel en particulier, cela est hors de doute. Ignorant l'allemand, il n'était pas à même de lire ceux de leurs livres qui n'étaient pas traduits, mais il ne perdait pas une occasion de se faire résumer leurs théories. Avec Marx en 1844, comme plus tard avec Grün ou Bakounine, il dut passer des nuits à discuter sur la logique et la phénoménologie [2]. Est-ce à dire que, sans les leçons de ces hégéliens, l'idée ne lui serait jamais venue que la contradiction est la condition du progrès économique ? Il est remarquable que, bien avant 1841, il emploie spontanément une méthode dialectique. Dès les mémoires sur la propriété, nous avons vu qu'il présente la possession comme la synthèse attendue des deux termes qui se nient, la propriété individuelle et la communauté. Dans la *Lettre à Blanqui,* il montre, par une formule qu'on croirait empruntée aux parties hégéliennes de l'œuvre marxiste, comment la société est sauvée par la négation de ses principes.

Au vrai, une méthode qui autorise à passer brusquement d'une affirmation à l'affirmation contraire était peut-être celle qui convenait le mieux - on a essayé de le démontrer [3] - au tempérament intellectuel de Proudhon non seulement parce que le plaisir de contredire a toujours été très vif chez lui, mais encore parce qu'il lui était loisible, en les distribuant à droite et à gauche dans les cadres tout préparés de l'antinomie, de ne laisser perdre aucune des idées qui lui venaient en foule. Il y aurait donc eu, entre son génie même et la dialectique, une sorte d'harmonie pré-établie ? Ce qui reste plausible, c'est que l'exemple de Hegel, dès qu'il le connaît avec quelque précision, le confirme dans sa tendance. On le voit, dès la *Création de l'ordre,* faire effort pour adapter à la loi sérielle le système trinitaire [4]. L'autorité de la philosophie allemande aidant,

---

1 *Voir la Misère de la Philosophie* (éd. fr., p. 181).
2 Voir Karl Grün, Die soziale Bewegung in Frankreich and Belgien, Darmstadt, 1845, p. 405-471. (Cf. Sainte-Beuve, P.-J. Proudhon, sa vie et sa correspondance, p. 202-221.)
3 M. Faguet, dans l'étude qu'il a consacrée à Proudhon : *Politiques et Moralistes du XIXe siècle,* 3e série, p. 124.
4 *De la Création de l'ordre dans l'Humanité, ou Principes d'organisation politique*

il se persuade décidément que le progrès, dans tous les ordres, implique une suite d'oppositions.

Mais il ne prend pas, nous assure Marx [1], les oppositions mêmes au sérieux. Il a hâte de concilier, et pour concilier il faut qu'il conserve. Ainsi s'efforce-t-il d'arrêter l'histoire : il en voudrait extirper le mal, qui n'est rien autre que le nerf du progrès. - Ici encore l'accusation de Marx ne doit être accueillie que sous réserves. Il est très vrai que Proudhon, plus d'une fois, parle comme un éclectique qui rêve de retenir le bon côté des systèmes antagonistes ; surtout il procède comme un homme habitué à dresser des bilans. Il ouvre deux comptes et établit méthodiquement, en bon vérificateur d'écritures, l'actif et le passif de chaque institution, le Doit et l'Avoir. Est-ce à dire que, conservateur impénitent et inconséquent, il borne son ambition à combiner les avantages d'institutions contradictoires, alors même que par leur nature elles répugneraient à coexister ? Proudhon, sans aucun doute, annonce et appelle la conciliation des termes qu'il oppose. Il s'irrite contre les logiciens en quête de nouveau, qui ont l'air de croire que l'antinomie est fin en soi et vérité par elle-même. A ses yeux, elle n'est que l'avant-coureur de la vérité, à qui elle fournit pour ainsi dire la matière [2]. Mais d'abord les synthèses où il aspire doivent être autre chose, il y compte bien, que des collections d'avantages additionnés. Entre sa philosophie et celle du juste milieu, qui n'est encore qu'une philosophie du statu quo, il repousse avec véhémence toute assimilation [3]. Selon lui, dans le composé, quelque chose de nouveau doit apparaître, qui résulte du rapprochement des termes antithétiques. Le composé conserve sans doute les propriétés positives des éléments en présence, mais sous une forme inédite. L'antinomie est avant tout l'amorce d'un changement, elle est la loi même de la vie et du progrès, le principe du mouvement perpétuel [4].

Est-il vraisemblable après cela que Proudhon cherche à éliminer

---

(nouvelle édition), p. 114 et suiv. Rappelons que le livre est publié en 1943, c'est-à-dire un an avant que Proudhon rencontre Marx.

1 *Misère de la philosophie*, ch. II (Observations sur la méthode).

2 Contradictions, I, p. 68.

3 Correspondance, II, p. 231.

4 Contradictions, II, p. 399.

Célestin Bouglé

l'histoire, comme dit Marx [1], en éliminant « ce mauvais côté » qui fait l'histoire par cela même qu'il entretient la lutte ? Mais Proudhon autant que quiconque reste persuadé que la lutte est la condition du progrès. Il sait que la négation est une phase nécessaire.

N'ira-t-il pas jusqu'à dire - « L'inversion de la société est mon système » ? Il ne croit pas sans doute que, pour cette inversion, telles formes matérielles et brutales de la lutte soient inévitables ou indispensables. Et sur ce point, dès 1816, sa pensée se heurte à celle de Marx [2] : il ne se fie plus, déclare-t-il, aux secousses soi-disant révolutionnaires. Ce n'est pas à dire qu'il abandonne pour autant toute foi dans les vertus de l'antagonisme. Au contraire, il est permis de soutenir que Proudhon, en développant sa philosophie, s'attache de plus en plus à cette foi. Un moment vient où il ne croit plus les synthèses possibles ; il croit toujours les antithèses nécessaires [3].

Mais l'idée à laquelle, en tout cas, il tient le plus, c'est en effet l'idée du mouvement perpétuel. « Rien ne subsiste, disaient les anciens sages. Tout change, tout coule, tout devient : par conséquent tout s'enchaîne, par conséquent encore, tout est opposition, balancement, équilibre, dans l'univers. Il n'y a rien, ni en dehors, ni en dedans de cette danse éternelle ; et le rythme qui la commande, forme pure des existences, idée suprême à laquelle aucune réalité ne saurait répondre, est la conception la plus haute à laquelle puisse atteindre la raison. » C'est en 1853 seulement, dans les lettres écrites pour M. Romain Cornut [4], qui lui demandait une sorte de résumé de sa philosophie, que Proudhon arrive à ces formules. Mais dès les *Contradictions économiques,* la conception qu'elles impliquent transparaît.

Lorsqu'il veut marquer sa position entre le socialisme et l'écono-

---

1 *Misère de la philosophie,* p. 173-174 de l'édition française. (On peut voir dans les *Contradictions économiques,* I, p. 188, un commencement d'apologie de la guerre qui fait pressentir les thèses de *La Guerre et la Paix.*)
2 Lettre du 17 mai *1846 (Corresp.,* II, p. 198). On ne saurait exagérer l'importance de cette lettre, où les tempéraments des deux penseurs s'opposent de la manière la plus frappante. C'est un refus de Proudhon à une demande de collaboration que Marx lui avait adressée, La lettre de Marx n'a malheureusement pas été retrouvée.
3 On verra que c'est la thèse qui sert de point de départ à l'ouvrage posthume intitulé : *Théorie de la propriété.*
4 Publiées sous le titre de *Philosophie du Progrès,* tome XX des Oe*uvres complètes,* p. 14.

mie politique, Proudhon écrit [1] : « Quant à nous, guidés par l'idée
que nous nous sommes faite de la science sociale, nous affirmerons
contre les socialistes et contre les économistes, non pas qu'il faut
organiser le travail, ni qu'il est organisé, mais qu'il s'organise. » C'est
au sens du devenir qu'il fait ici appel. C'est parce qu'elle démontre
avant tout la nécessité du devenir que la méthode éclectique lui
est précieuse. Avec son aide il espère, déterminer les époques de la
société, comme Buffon a déterminé les époques de la nature.

Ainsi s'explique le tenace effort de Proudhon pour enchaîner les
divers processus économiques qu'il passe en revue : il y veut montrer les phases d'une série qui se déroule. Ce n'est point par hasard
qu'il étudie le machinisme après la division du travail, ou le monopole après la concurrence. Les contradictions suscitées par la
division du travail posent, selon lui, un problème auquel s'efforce
de répondre l'invention des machines. Les contradictions suscitées
par le machinisme posent à leur tour un problème auquel s'efforce
de répondre le développement de la concurrence. Et ainsi de suite
jusqu'au jour où, les contradictions étant épuisées, l'équilibre si
longtemps poursuivi sera enfin atteint.

Le lecteur a de la peine, il faut l'avouer, à entrer ici de prime
abord dans la pensée de Proudhon. Contre cette série historique,
les objections se lèvent en foule. Sur ce point, Marx [2], appelant
les faits en témoignage, a trop beau jeu. Où Proudhon prend-il
le droit d'affirmer, par exemple, que la concurrence attend, pour
se donner libre carrière, que *le* machinisme ait porté toutes ses
conséquences contradictoires ? Et sans doute Proudhon avertit
qu'il écrit une histoire, non selon l'ordre des temps, mais selon la
succession des idées. Une difficulté n'en subsiste pas moins. Établir
entre une institution et une autre un lien de succession - fût-ce
dans l'ordre purement logique et non strictement chronologique
- c'est postuler qu'on n'a pas besoin, pour comprendre le développement de la première, de se représenter le développement de la
seconde. Par exemple, selon le plan adopté par Proudhon, le progrès de la concurrence supposerait celui du machinisme. Inversement, le progrès du machinisme ne supposerait pas celui de la
concurrence. Mais, dans un monde où la concurrence ne régnerait

1 Contradictions, I, p. 45.
2 Misère de la philosophie, chap. II, 5e Observation sur la méthode.

Célestin Bouglé

pas, les machines se multiplieraient-elles ? Les deux phénomènes sont unis par un rapport de solidarité, semble-t-il, bien plutôt que par un rapport de succession. Souvent ainsi - son exposé même en implique l'aveu - les institutions dont Proudhon traite l'une après l'autre se supposent réciproquement. En termes positivistes, on pourrait dire que la méthode qu'il a choisie le force à mêler la *statique* à la *dynamique,* la considération des corrélations mutuelles à celle de l'évolution progressive.

*

* *

On comprendrait mieux peut-être cette philosophie de l'histoire si l'on cherchait à dégager la « métaphysique du groupe » qui lui sert de soubassement. Dès les *Contradictions* économiques une théorie de la raison collective est ébauchée, qui explique la nature spéciale des relations que Proudhon établit entre les termes qu'il distingue. A ses yeux, la société est avant tout une raison, et les institutions économiques correspondent à autant d'idées qu'elle confronte et juge, l'une après l'autre, à leurs effets.

En un sens donc, division du travail et machinisme, concurrence et monopole coexistent comme autant de concepts dans le cerveau de l'humanité. Mais pour que celle-ci institue un ordre où chacun d'eux ait sa juste place, encore faut-il qu'ils aient donné leur mesure et manifesté dans les faits leur puissance propre. Ainsi s'explique le caractère économique, et aussi le caractère historique des « démonstrations » par lesquelles s'accomplit l'éducation de la raison impersonnelle.

Leur caractère économique - car les institutions de la production et de l'échange sont autant *d'idées incarnées.* Celles-ci ne suscitent la réflexion active de l'humanité que lorsqu'elles ont fait effort pour organiser la vie même. Or cet effort implique les processus que les économistes étudient, sans soupçonner de quelles forces idéales leurs études sont révélatrices. Les phénomènes économiques sont donc bien des phénomènes essentiels, les vrais déterminants de l'histoire, mais ils sont des « phénomènes » en effet, expressions visibles de réalités immatérielles. On comprend par là en quel sens la philosophie de Proudhon se rapproche, en quel sens elle s'éloigne du matérialisme historique. Elle s'en rapproche parce qu'elle nous invite à porter notre attention sur la pratique industrielle qui provoque et oriente le travail de la réflexion. Elle s'en éloigne parce qu'elle veut voir, dans cette pratique même, l'œuvre d'idées éternelles, ressorts secrets des instincts de l'humanité.

Encore faut-il, pour que ces démonstrations par les faits soient décisives, que ces idées fassent leur preuve chacune à son tour. C'est pourquoi elles seront en un sens coéternelles, en un autre sens successives. Coéternelles en tant qu'idées, elles ne descendent dans les faits que l'une après l'autre ; ou du moins l'une après l'autre elles font prédominer leurs effets. « Elles viennent tour à tour prendre la direction des affaires, et occuper le premier rang [1]. » Proudhon ne va donc pas jusqu'à soutenir qu'il y ait des époques d'où telle catégorie économique soit totalement absente. Pour que la réflexion fasse son choix et exerce ses facultés de critique, il importe que toutes les possibilités lui soient données. Au fond tous les principes qui, une fois réconciliés, contribueront à l'équilibre final, sont présents à toutes les phases du développement économique. Dès l'instant où il s'établit des relations contractuelles entre deux propriétaires de deux champs voisins, la loi de l'égale liberté n'est-elle pas manifestée ? Partout ainsi « l'idée synthétique fonctionne en même temps que ses éléments antagonistes [2] ». Il reste que chacun de ces éléments à son tour prend le pas, et imprime son sceau à une époque. Empiétement sans doute nécessaire pour que les conséquences contradictoires du principe en question éclatent à tous les yeux : une négation apparaît alors comme inéluctable, une négation réelle, qui provoque une révolution dans les institutions en même temps que dans les esprits. La nature des procédés par lesquels la raison collective poursuit son autoéducation explique l'espèce de progrès dialectique dont l'histoire économique donne le spectacle.

Il fallait donc prendre au sens étymologique la révélation : *revelatio, apokalupsis,* déroulement. C'est la succession des faits antithétiques qui nous découvre peu à peu les conditions de l'ordre éternel. L'analyse du progrès accompli indique le progrès qui reste à faire [3]. Sans doute, la société est comme un savant qui porterait

---

1 Idée générale de la Révolution au XIXe siècle, p. 114.
2 Contradictions, II, p. 80.
3 *Cf. Correspondance,* t. III, p. 386 (lettre du 4 mars 1843).

Célestin Bouglé

dans son cerveau toute la science en puissance. « Mais ce même homme veut-il produire la science ? il est forcé de la dérouler en paroles, propositions et discours successifs, c'est-à-dire de présenter comme une progression ce qui lui apparaît comme un tout indivisible [1]. »

La progression n'est donc, si l'on veut, qu'une apparence, mais c'est une apparence nécessaire. L'homme collectif ne peut que déchiffrer lentement les conditions de l'harmonie. Jeté au milieu d'une sorte de chaos, c'est peu à peu, à la sueur de son front, qu'il reconstitue l'ordre. On se souvient que Proudhon, dans ses premiers écrits, parlait d'un temple en ruines dont le plan restait à retrouver [2]. Il emploie ici une autre image qui n'est pas moins caractéristique de ce que nous avons appelé le tour platonicien de sa pensée. « Figurons-nous la création comme une chute des idées de la sphère supérieure de l'intelligence dans les sphères inférieures du temps et de l'espace, chute pendant laquelle les idées, originellement pures, auront pris un corps, *ou substratum* qui les réalise et les exprime. À ce point de vue, toutes les choses créées, les phénomènes de la nature et les manifestations de l'humanité, nous apparaîtront comme une projection de l'esprit, immatériel et immuable, sur un plan tantôt fixe et droit, l'espace, tantôt incliné et mobile, le temps. Il suit de là que les idées, égales entre elles, contemporaines et coordonnées dans l'esprit, semblent jetées pêle-mêle, éparpillées, localisées, subordonnées et consécutives dans l'humanité et dans la nature, formant des tableaux et des histoires sans ressemblance avec le dessin primitif : et toute la science humaine consiste à retrouver dans cette confusion le système abstrait de la pensée éternelle [3] ».

En résumé, les idées dont la synthèse doit constituer un ordre immuable coexistent de toute éternité dans l'esprit éternel. Qui les saisirait toutes ensemble dans leurs rapports, par une sorte d'intuition qui serait en même temps un calcul, pourrait procurer à la société la paix définitive en même temps que la justice absolue.

Mais une chute s'est produite. Les idées éternelles sont désormais comme éparses dans l'ombre. La raison collective de l'humanité, à qui l'intuition souveraine est refusée, ne les retrouve et ne rétablit

---

1 Contradictions, III, p. 252.
2 Voir plus haut, p. 11.
3 Contradictions, II, p. 398.

leur concert que peu à peu, en tâtonnant, en essayant une route après une autre, et en constatant à quelles impasses on est conduit si on abandonne l'organisation sociale aux libres excès d'un seul principe. Ces déséquilibres successifs sont la condition de l'équilibre final. Ces épreuves sont la rançon du salut.

*

* *

Pour apprécier justement cette construction intellectuelle, il faudrait se rappeler sous quel ciel elle s'élève. Dans la première moitié du XIXe siècle, les projets de réforme sociale se présentent presque toujours étroitement soudés aux hypothèses métaphysiques. L'imagination de Proudhon n'est pas seulement hantée par tout ce qu'on a pu lui faire entrevoir des systèmes de Fichte ou de Hegel ; sous ses yeux ont pris leur essor, après celles de Saint-Simon et de Fourier, les théories philosophico-religieuses des Lamennais, des Buchez, des Pierre Leroux. Dans cette lice aussi il brûle d'intervenir. Et si les conceptions complexes que nous venons de résumer lui sont particulièrement chères, c'est sans doute qu'elles lui permettent de prendre, en métaphysique comme en économie politique, une attitude intermédiaire : elles lui fournissent des raisons de renvoyer dos à dos et ceux qui louent Dieu et ceux qui le nient, et ceux qui divinisent l'humanité et ceux qui la déprécient.

Sans doute on n'a pas tort de faire observer que les dieux résultent de projections par lesquelles l'homme porte à l'absolu les qualités qui lui tiennent au cœur. Proudhon ne repousse nullement les explications de ce genre. Il ne veut que les compléter en insistant sur le caractère avant tout social de l'idée de Dieu : elle est bien plutôt un acte de foi de la pensée collective qu'une conception individuelle [1]. « C'est à partir du moi collectif, pris pour pôle supérieur de la création, que l'homme étend l'idée de personnalité créatrice. » Les sociétés adorent donc dans leurs dieux des émanations de leur propre spontanéité. De ce point de vue, la théocratie apparaîtra à Proudhon comme une symbolique de la force sociale [2] et il aboutira à cette formule, qui pourrait servir de devise à bien des travaux contemporains : « Ce que le théologien poursuit à son insu dans le dogme qu'il enseigne, ce ne sont pas les mystères de l'infini, ce sont

---

1 Contradictions, I, p. 2.
2 La Justice dans la Révolution et dans l'Église, IVe ét., p. 133.

Célestin Bouglé

les lois de notre spontanéité collective et individuelle [1] ». Mais ces explications génétiques sont-elles des raisons suffisantes de nier Dieu ? Proudhon ne le pense pas. Proudhon n'est pas athée. Il refuse du moins d'admettre que l'athéisme ait ville prise. Que notre conception de Dieu soit anthropomorphique, ou plus exactement sociomorphique, cela ne saurait prouver directement que Dieu n'existe pas. Le champ demeure ouvert. L'existence de Dieu reste une hypothèse légitime, et Proudhon a besoin de cette hypothèse, déclare-t-il, pour fonder la possibilité de la science sociale. Il *est un Dieu* - cela exclut le hasard, cela veut dire : « la société est gouvernée avec conseil, préméditation, intelligence [2] ». Et le lieu de ces vérités éternelles, à la découverte desquelles la société s'achemine, qu'est-ce autre chose sans doute qu'un entendement divin ?

Mais si ce système de vérités prouve l'existence d'une intelligence ordonnatrice, la manière dont elle se révèle à l'humanité ne prouve pas l'existence d'une bonté infinie. Tout au contraire. Et Proudhon va trouver ici des raisons de se retourner avec colère contre les apologistes de la Providence. Nous savons après quelle interminable série d'efforts, de tâtonnements, d'échecs de toute sorte la raison collective retrouve les conditions de l'équilibre. En ce sens la révélation est révélation par la douleur, par la guerre, par le mal. Pourquoi donc le gardien de toute vérité nous tient-il la vérité si haute ? Pourquoi, au lieu de nous accorder l'intuition synthétique, nous force-t-il à une dialectique lente et pénible, qui ne progresse que par antinomies successivement résolues ? « L'humanité, pendant des centaines de siècles, dévorera des générations ; elle s'épuisera dans le sang et dans la fange sans que le Dieu qu'elle adore vienne une seule fois illuminer sa raison et abréger son épreuve [3]. » C'est donc par sa théorie propre de la révélation que Proudhon est amené à rendre Dieu responsable des épreuves que l'humanité traverse. Ainsi s'explique le mot fameux des contradictions économiques - « Dieu c'est le mal [4] », qui fait prévoir celui que prononcera Proudhon en 1847, lors de sa réception à la loge maçonnique de Besançon. Quand on lui posera la question traditionnelle : « Que

---

1 *Confessions d'un révolutionnaire*, p. 3. La formule ne convient-elle pas, en particulier, aux travaux de M. Durkheim sur la Religion ?
2 *Contradictions*, I, p. 22.
3 Contradictions, I, p. 358.
4 *Ibid.*, p. 360.

Chapitre IV

doit l'homme à Dieu ? », il répondra : « La guerre ». Proudhon a trouvé un geste plus audacieux encore que l'athéisme : c'est l'antithéisme. Il maintient Dieu, mais pour le plaisir de le maudire.

La même théorie de la révélation par le progrès de la raison collective, qui explique son attitude originale vis-à-vis de la divinité, explique son attitude originale vis-à-vis de la société. Il ne permet ni qu'on ravale celle-ci, ni qu'on l'exalte outre mesure.

Suivant lui, la plupart des philosophes modernes, même les socialistes, ont tendance à déprécier abusivement, devant l'individu, cet être collectif qu'est l'humanité. Ils réagissent contre le dogme chrétien, qui affirme notre malice originelle. Mais ils lui opposent un dogme non moins obscur, celui de notre dépravation par les institutions sociales. « Sur ce point Saint-Simon, Owen, Fourier, et leurs disciples les communistes, les démocrates, les progressistes de toute espèce ont solennellement répudié le mythe chrétien de la chute pour y substituer le système d'une aberration de là société [1] ». Ils ont suivi Rousseau. Mais est-il juste de vouloir couvrir, par les contradictions internes de l'organisation sociale, la responsabilité de l'homme ? Le tempérament de moraliste qui est en Proudhon proteste contre ce fatalisme. Il s'efforce de montrer que si l'incohérence des institutions cause bien des maux, l'homme en ajoute par une perversion propre, qui tient sans doute à la nature « éclectique, multiple et discordante » de cet abrégé de l'univers.

Il se cachait donc, dans les mythes du péché originel aussi, une vérité qui n'était pas à dédaigner ? En tout cas ceux qui l'ont négligée ne se sont pas aperçu qu'en plaidant ainsi pour l'individu ils rejettent tout le poids du mal sur le génie créateur et inspirateur de la société [2]. C'est discréditer de la façon la plus dangereuse l'organe même de la révélation progressive. Le désordre social ne peut jamais être que relatif, puisqu'il contient les éléments et l'amorce de l'ordre ultérieur. Les contradictions économiques elles-mêmes sont les démarches nécessaires d'une raison dont il importe de comprendre et d'accepter les sentences. Dans cette société en travail, un principe de salut est donc à l'œuvre qu'il était prudent de respecter.

Est-ce à dire qu'il faut pour autant diviniser ce grand être, et ins-

1 Contradictions, I, p. 325.
2 Contradictions, p. 327.

Célestin Bouglé

tituer un culte nouveau, qui serait celui de l'humanité même ? Il aurait beau être un culte de l'humanité : ce serait un culte encore. Et c'en est assez pour que Proudhon s'en défie. Il va donc combattre résolument ce qu'il appelle *l'humanisme,* d'un terme qui paraît s'appliquer dans sa pensée aussi bien à la doctrine de Feuerbach qu'à celle d'Auguste Comte. Il ne semble pas qu'il connaisse directement Feuerbach à cette époque, mais il en a sûrement entendu parler par des disciples enthousiastes : la plupart des jeunes Allemands qui débarquent à Paris aux environs de 1844 ne jurent que par *l'Essence du christianisme* [1]. S'ils n'imaginent pas de cérémonies, s'ils n'instituent pas de sacerdoces comme le fondateur de l'école positiviste, les disciples de Feuerbach parent l'humanité de l'auréole qu'ils enlèvent aux dieux. Ils l'invitent à se réserver l'adoration qu'elle prodiguait aux créatures de son imagination exaltée par le désir, projections de ses propres qualités portées à leur plus haute puissance. Nous avons vu que Proudhon ne nie nullement ces projections. Maïs il observe que, par le seul fait d'élever à l'infini les attributs de l'homme pour définir Dieu, on creuse entre Dieu et l'homme un fossé infranchissable. Les attributs humains élevés à l'infini ne conviennent plus à l'homme; car l'imperfection est de son essence. Et c'est pourquoi la lutte perpétuelle est son lot. « Nous ne vivons, ne sentons, ne pensons que par une série d'oppositions et de chocs, par une guerre intestine [2]. » Qu'on ne fasse donc pas de Dieu l'humanité ; ce serait calomnier l'un et l'autre. Les deux termes ne se comprennent que par leur antithèse.

Et sans doute on pourrait essayer d'expliquer, par les caractères de la réalité sociale qui domine l'individu, cette antithèse même.

1 Voir le livre de, M. Albert Lévy sur *La Philosophie de Feuerbach et son influence sur la littérature allemande, 1904,* 2e partie. - M. Mehring, dans un article consacré à *Edouard Vaillant (Die Neue Zeit,* 20 janvier 1911), rappelle que Vaillant le premier fit lire à Proudhon, en 1865, une traduction de *l'Essence du christianisme.* Il fait entendre à ce propos que, si Proudhon eût connu plus tôt la philosophie de Feuerbach, Proudhon et Marx se seraient peut-être mieux compris. Un regret analogue est exprimé par M. Bolin *(L. Feuerbach, sein Wirken,* 1891, p. 302) : « *Qui* sait ce qu'une bonne traduction de Feuerbach aurait pu apprendre à cet autodidacte ? »

Il faut observer que si Proudhon n'avait pas lu le texte de Feuerbach, il connaissait les grandes ligues de son système, au moins autant que celles du système de Hegel. Il discute les idées de Feuerbach à plus d'une reprise. (Voir *Correspondance,* t. II, p. 202, t. VII, p. 135, 333.)

2 *Contradictions,* I, p. 368.

Proudhon pressent ce genre d'explications. « Dira-t-on que l'opposition entre l'homme et l'être divin est illusoire, et qu'elle provient de l'opposition qui existe entre l'homme individuel et l'essence de l'humanité tout entière [1] ? » Mais il faudrait alors accorder que l'humanité, en tant qu'être collectif, ne connaît pas ces tâtonnements qui par définition sont épargnés à l'être divin. Or c'est précisément ce qu'il nous faut nier. En fait, la raison collective tend vers l'équilibre éternel, mais elle y tend humainement, elle le découvre phase à phase, d'un lent progrès qui est la nécessaire préface de l'ordre. Et c'est pourquoi finalement elle ne se laisse pas identifier à l'intelligence divine. L'être collectif est aussi l'être progressif. Il se dresse en face de l'être absolu. On ne saurait, sans voir disparaître leurs deux essences originales, les fondre l'un dans l'autre. Et ainsi Proudhon peut se réjouir de mécontenter à la fois théistes et humanistes, comme il a mécontenté à la fois économistes et socialistes.

*

* *

La manière dont Proudhon explique la découverte de l'idéal se rattache en dernière analyse à une théorie sociologique : une théorie sociologique encore lui servira à définir cet idéal même. Si ce n'est plus le concept de raison collective, c'est celui d'être collectif qu'on le voit utiliser pour éclairer et justifier sa solution du problème social.

Dans ses mémoires sur la propriété, Proudhon se plaît à montrer comment, par la vertu de la force collective, des trésors s'accumulent, tant intellectuels que matériels, où puisent les individus qui passent. Sur ce point, nous avons pu observer que ses démonstrations font prévoir celles que multipliera la philosophie de la solidarité. Mais il ne se contente pas de rappeler que la force collective accumule des choses : suivant lui, elle constitue des êtres vivant d'une vie propre. Chez Proudhon nous n'avons pas rencontré seulement un solidarisme, mais un réalisme social. Et sans doute ce n'est que dans la *Justice* encore qu'il explicite ce réalisme, en tirant les conséquences de la philosophie relativiste résumée dans la Philosophie du Progrès. Alors seulement il *esquissera* une classification des êtres sociaux constitués par les diverses espèces de groupements et cherchera à y marquer, entre autres, la place des êtres

---

1 *Contradictions*, p. 369.

Célestin Bouglé

politiques [1]. Mais dès les *Contradictions économiques,* la société en général lui paraît douée d'une vie propre : au point qu'il n'hésite pas à la comparer à un organisme, capable de poursuivre ses fins. Déjà pour réfuter ceux qui veulent, oubliant la loi des développements spontanés, mécaniser en quelque sorte la société, il avait rencontré des images biologiques : « La société ne se réforme qu'en croissant et en se développant toujours, et ce fait, le plus éclatant de l'histoire, est la condamnation de toutes les hypothèses qui procèdent par éversion de formes et substitution de système [2] ». Des images du même genre lui servent dans les *Contradictions* à critiquer ceux qui, déçus par une vue trop atomiste des choses, n'aperçoivent pas les convergences, les harmonies, l'unité foncière de la vie économique. « L'antagonisme peut exister entre les industriels : malgré eux l'action sociale est une, convergente, harmonique, en un mot personnelle... Pour le véritable économiste, la société est un être vivant, doué d'une intelligence et d'une activité propres, régi par des lois spéciales que l'observation seule découvre, et dont l'existence se manifeste, non sous une forme physique, mais par le concert de l'intime solidarité de tous ses membres... Et de là vient que le gouvernement des sociétés est science, - c'est-à-dire étude de rapports naturels - et non point art, c'est-à-dire bon plaisir et arbitraire [3]. »

Celui qui ne sait point voir par les yeux de l'esprit l'homme collectif, véritable Prométhée organisant la production, n'entend rien à la science économique.

C'est précisément de ces concepts que va se servir Proudhon pour distinguer lui aussi, à sa façon, entre l'économie politique et l'économie *sociale* proprement dite. Il y avait longtemps que l'antithèse était en voie d'élaboration. C'était une tradition, depuis 1819 [4], chez ceux qui protestaient contre les conséquences de l'industrialisme, d'incriminer l'étroitesse de pensée en même temps que la sécheresse de cœur des économistes « orthodoxes ». Ils ne se préoccupent pas assez, disait-on, de l'effet produit sur les hommes mêmes par les mécanismes de la production qu'ils analysent avec

1 Voir la 4e étude, p. 111 et suiv. *(Petit catéchisme politique).*
2 *Avertissement aux propriétaires,* p. 52.
3 *Contradictions,* I, p. 92-94.
4 C'est la date de la première édition des *Nouveaux* prin*cipes d'Économie politique,* de Sismondi.

Chapitre IV

amour. Et ils ne replacent pas ces mécanismes dans l'ensemble des institutions sociales. Ouvrons par exemple *l'Histoire de l'économie politique* de Villeneuve-Bargemont [1]. Les objections qu'il adresse à l'école de Smith se rangent sous ces deux chefs ; et il montre que sous le nom d'économie sociale se préparent de tous côtés des doctrines à la fois plus humaines et plus concrètes. Proudhon aussi veut répondre à ce besoin, mais à sa manière. Nul ne proclame plus énergiquement qu'il faut subordonner l'économie politique à la justice. Mais il ne se contente pas d'opposer aux abstractions et aux calculs la protestation du sentiment, à la façon de Sismondi. C'est vraiment une science synthétique qu'il entend construire, en usant du procédé que Sismondi a inauguré, et que Rodbertus va reprendre de son côté contre Bastiat : en assimilant la société à un homme qui produirait pour lui-même. Et il espère que cette assimilation lui permettra d'utiliser, bien loin qu'il les rejette dédaigneusement, les formules et les théorèmes de l'économie orthodoxe.

L'une des caractéristiques de l'attitude de Proudhon est en effet qu'il prétend rester un disciple fidèle d'Adam Smith, plus logique seulement que les autres.

Smith n'a-t-il pas démontré que le travail est la source en même temps que la mesure de toute valeur ? Il suffisait, pour obtenir un ordre enfin juste, de faire rendre à ce principe toutes ses conséquences. Mais pour lui faire rendre toutes ses conséquences, encore fallait-il précisément se placer au point de vue de la collectivité et de son intérêt global. Tant qu'on demeure placé, comme le font le plus souvent les économistes, au point de vue des individus, - tous cherchant à gagner le plus possible les uns sur les autres -, les contradictions de la valeur éclatent : chacun d'eux a intérêt, pour accroître ses profits, à multiplier les valeurs. Or leur multiplication même tend à les avilir. Mais un Prométhée, qui produit pour sa propre consommation, n'a nul intérêt, pour accroître des profits particuliers, à multiplier des valeurs inutilisables. À ses yeux le *produit brut* équivaut au *produit net,* et il ne produit que pour consommer. Son seul intérêt est donc que les valeurs soient « proportionnées ». Et seul le temps du travail moyen utilisé pour la confection des produits, qu'il veut variés autant qu'abondants,

---

1 Publiée en 1841.

Célestin Bouglé

lui permettra de les évaluer en les rendant tous également permutables. Dès lors la valeur est *constituée,* et les formules chères aux économistes peuvent correspondre à la réalité. Il devient vrai, dans le monde organisé selon les intérêts de Prométhée, et où le travail sera le principe de proportionnalité de toutes les valeurs, que « tout produit vaut ce qu'il coûte », « que tout travail laisse un excédent [1] », que les produits s'achètent avec des produits ; et dès lors toutes les exigences de l'égalité sont comblées. « Le salaire, dans le travailleur collectif, est égal au produit : conséquemment les produits de tous les travailleurs sont égaux entre eux et leurs salaires encore égaux : là est le principe de l'égalité des conditions et des fortunes [2]. »

Mais tout cela ne devient vrai qu'à une condition : que soient éliminées toutes les institutions anormales qui permettent à certains individus de prélever, en fait, une aubaine sur la masse des autres. L'agio, sous toutes ses formes, n'empêche-t-il pas que les valeurs soient fixées et proportionnées au travail ? Le monopole, sous toutes ses formes, n'accule-t-il pas le travailleur à cette situation de racheter son propre produit pour un prix inférieur à celui qui lui a été payé ? Et là où le pouvoir d'achat de la masse est réduit à la portion congrue, le, système tout entier de la production n'est-il pas déséquilibré ? De toutes parts, ainsi, ou se heurterait à des « impossibilités » et à des « contradictions ». Smith l'a bien senti, qui montre comment, par les abus de la propriété, beaucoup peuvent recueillir ce qu'ils n'ont pas semé. Dans cet état primitif, écrit-il, qui précède l'appropriation des terres et l'accumulation des capitaux, le produit entier du travail appartient à l'ouvrier [3]. Alors, et alors seulement, les valeurs se mesurent effectivement par les quantités de travail. Alors, et alors seulement, l'égalité de répartition, « l'égalité selon la mesure du travail », est la règle. De cette démonstration de Smith retenons que les abus de la propriété privée ne sauraient coexister avec l'égalité. Ce qu'il présente comme l'état primitif doit seulement être présenté comme le terme du progrès, l'idéal de la justice. C'est le souci même des intérêts propres à l'être collectif qui commande de poursuivre cet idéal.

---

1 *Contradictions économiques,* II, p. 92, 97.
2 *Contradictions,* II, p. 290.
3 *Richesse des nations,* t. I, chap. VIII, p. 84, commenté par Proudhon dans *l'Avertissement aux Propriétaires,* p. 26.

Chapitre IV

L'originalité de la position choisie par Proudhon apparaît clairement ici. Il réalise la société. Il va même jusqu'à la personnifier
pour mieux faire comprendre qu'elle a sa vie, ses procédés, ses intérêts propres. Et sur ce point ses tendances coïncident avec celles
que la *nationalœkonomie* oppose en Allemagne à la tradition de
l'économie classique, individualiste en même temps que cosmopo-
lite. Mais pour sa part Proudhon n'acceptera jamais de rechercher
ce qui est utile à la santé du corps social, en faisant abstraction,
même provisoirement, des droits des hommes qui le composent.
Ce sont ces droits, ces droits égaux, qui ne cessent de le préoccu-
per. La notion de l'intérêt collectif n'est pour lui qu'une notion intermédiaire, destinée à mieux mettre en valeur la nécessité de faire
respecter les droits individuels.

Non qu'il méconnaisse qu'il existe des objets de consommation
vraiment publique, et qui ne servent qu'à la vie matérielle et morale de la collectivité considérée comme un être à part. Temples,
palais municipaux, théâtres, écoles, hôpitaux, autant d'organes qui
répondent à des besoins proprement sociaux [1]. Mais il paraît croire
qu'au fur et à mesure que l'humanité devient plus consciente, une
nécessité supérieure devient plus claire : c'est dans l'intérêt même
de tous les individus que les besoins de la société doivent être sa-
tisfaits. On n'admet plus aisément l'idée d'un bien-être collectif qui
serait autre chose que la synthèse et l'harmonie des bien-êtres personnels. De plus en plus, il devient évident que la condition première de la santé, pour l'organisme social, c'est la justice égalitaire.

C'est ainsi que Proudhon s'efforce de mener à bien la tâche paradoxale qu'il s'est assignée. Il entend satisfaire à la fois à l'esprit sociologique et au sentiment individualiste. Il entend rester à la fois
réaliste et égalitaire. S'il présente les phénomènes de la production,
de la consommation, de la circulation comme les effets de l'activité
d'un être unique, c'est à seule fin d'instituer plus sûrement, entre
les individus, l'équité des échanges.

---

1 *Contradictions*, I, p. 95.

Célestin Bouglé

Chapitre V
LA RÉVOLUTION DE 1848

Plus nettement encore que par leur attitude envers les doctrines, les esprits se définissent par leur réaction vis-à-vis des événements dont ils sont témoins. Lorsque surtout ces événements sont de ceux qui ébranlent la structure sociale entière, ils forcent quiconque réfléchit au plus sincère des examens de conscience. Un homme n'est jamais mieux jugé que par le jugement qu'il porte sur une révolution.

À cet égard la révolution de 48 fut particulièrement instructive. Les contemporains eux-mêmes la comprirent vite comme une immense expérimentation, dont précisément l'économie sociale faisait les frais. Expérimentation imprévue, à vrai dire, pour beaucoup d'entre eux. Beaucoup, même parmi les adversaires les plus décidés du gouvernement, ne croyaient pas la république possible. *A fortiori* ne croyaient-ils pas le socialisme vivant. Les systèmes des réformateurs, saint-simoniens ou fouriéristes, demeuraient à leurs yeux des systèmes en effet, bons à fournir un *credo à* des sectes, non un mot d'ordre à la masse. Tout le monde n'avait pas prêté, comme Heine ou comme Stein, une suffisante attention à la fermentation qui s'opérait dans les sociétés secrètes et dans les ateliers, mêlant aux souvenirs exaltants du babouvisme les plus hardis projets de réforme économique.

Mais dès le lendemain des journées de février, on vit clairement ce qui était en question. Le peuple à l'Hôtel de Ville, en proclamant la République, avait spécifié qu'il la voulait démocratique et sociale. Il exigeait, avec la reconnaissance du droit au travail, l'institution d'un Ministère du progrès. Sous son énergique pression, le problème économique passait d'un band au premier plan. Le socialisme allait donner sa mesure...

On sait quelle immense espérance suivit cette heure de surprise, et peu de mois après quelle immense déception. Entre la bourgeoisie et les ouvriers, le fossé s'élargit de plus en plus, et fut bientôt rempli de sang. Beaucoup d'esprits y devaient noyer l'idéalisme qui jusque-là les animait. Après ces expériences cruelles on aura moins de confiance, moins d'élan, on sera plus positif. Le socialisme lui-même, lorsqu'il relèvera la tête, déclarera ne plus connaître l'utopie. Les leçons de 48 précipitent le mouvement du siècle vers le réalisme [1]. En quel sens devaient-elles incliner la réflexion de Proudhon ? et quel enseignement, pour sa part, voudra-t-il tirer du cataclysme ?

*

* *

« Proudhon est la personnification la plus complète de la révolution de 48 », on répète cette formule de Darimon. Elle prête aux équivoques. Sans aucun doute Proudhon a pris part au drame. Il y a joué son rôle. Il y a même tenu tous les rôles : insurgé, député, journaliste, prisonnier politique. Est-ce à dire qu'il aurait reconnu sa propre pensée en acte dans les faits et gestes de la République nouvelle ? L'esprit qu'elle traduit par ses démarches est-il le même qui remplit l'œuvre du jeune philosophe-économiste ?

À interpréter ainsi le mot de Darimon, on se tromperait du tout au tout. Certes la révolution de 48 a de quoi réjouir l'auteur de la *Lettre à Considérant*. Elle ne l'étonne, lui, ni ne l'effraie. Sur plus d'un point elle ne fait que confirmer ses prévisions, et donner raison à ses avertissements. Mais par d'autres côtés elle le chagrine. Il la voit dévier sitôt lancée, et rouler aux impasses. Dès le lendemain de la victoire il a le sentiment que tout le monde, dans les partis avancés, se fourvoie. Et il passe son temps à crier casse-cou.

Au vrai, dans l'ébullition générale, Proudhon reste maître de lui. À peine si un instant, au début, il se laisse entraîner. Tout le travail antérieur de sa réflexion lui permet de garder plus aisément, dans l'espérance universelle comme dans l'universelle déception, une attitude critique. Au milieu de la foule en délire, il conserve le calme de l'homme qui possède un plan et s'est forgé une méthode [2]. Les critiques qu'il adresse à ceux qui mènent la barque de la révolution s'expliquent, nous le verrons, par les positions mêmes que sa pensée s'est conquises. Dans le juge sévère que va être Proudhon nous retrouvons sans peine, et le financier qui a découvert une solution banquière de la question sociale, et le philosophe qui a découvert

---

1 Voir à ce propos les réflexions de G. Renard dans son *Histoire de la République de 1848*, p. 378 *(t. IX de l'Histoire socialiste)*.
2 Voir les lettres de février 1848, dans la *Correspondance*, t. II, p. 278 et suiv.

Célestin Bouglé

la loi supérieure de l'histoire [1].

Notons d'abord que les « journées » mêmes de la Révolution, dont tant de gens sont fiers, déplaisent à Proudhon. Ces mobilisations du peuple en armes dans les rues ne lui disent rien qui vaille. Dès 1846, dans la lettre où il repousse une demande de collaboration de Karl Marx [2], il laisse entendre qu'il n'a pas grande confiance dans les secousses soi-disant rénovatrices : n'avait-il pas trouvé, pour lui, une « combinaison » qui rendrait les tumultes inutiles ? Les expériences de 48 ne changent pas, sur ce point, son sentiment. Sans doute, le premier jour, l'odeur de la poudre le grise lui aussi, et il porte sa pierre à la barricade. Sans doute encore, après les journées de juin, dégoûté de l'attitude d'une bourgeoisie assoiffée de répression parce qu'elle est folle de terreur, il prend délibérément la défense des ouvriers insurgés. Mais, au fond, le tapage insurrectionnel lui répugne. Il a vite distingué ce qu'il y a de théâtral dans les évocations de 93 qui sont si fort à la mode. Beaucoup de traits de l'œuvre de Proudhon s'expliquent, nous l'avons constaté déjà, par son antipathie pour le romantisme. Le romantisme révolutionnaire, à la Blanqui, ne l'agace pas moins que le romantisme moyen-âgeux, à la Chateaubriand. Aux « besognes de héros » il oppose les « besognes de commis » ; plus modestes sans doute, mais non pas moins utiles, et peut-être même, au tournant de l'histoire où l'on est arrivé, les plus urgentes de toutes. Au fond, l'impression de Proudhon, devant les agitations de la rue, est bien celle du possesseur d'une « combinaison ». Il est l'homme qui a une clef. Quand cette clef ouvrirait toutes les serrures, quelles folies que ces bousculades devant des portes fermées !

Mais plus encore que les convulsions de la foule, la pression des Gouvernements, d'où qu'elle vienne et où qu'elle tende, inquiète Proudhon. C'est l'une de ses originalités, nous l'avons vu, de tenir à la liberté autant qu'à l'égalité même. Il n'entend recevoir celle-ci que

1 Les ouvrages de Proudhon auxquels il faut se reporter pour l'étude de sa pensée à cette époque sont, outre les recueils d'articles du *Représentant du Peuple*, du *Peuple*, de *la Voix du Peuple* rassemblés dans les *Mélanges* (t. XVII, XVIII et XIX des *Oeuvres complètes*), la *Solution du Problème social* et l'*Organisation du crédit et de la circulation*, 1848 (publiés ensemble dans le tome VI des *Oeuvres complètes*), les *Confessions d'un révolutionnaire, pour servir à l'histoire de la Révolution de février 1848*, publiées en 1849, et l'*Idée générale de la Révolution au XIXe siècle, Choix d'études sur la pratique révolutionnaire et industrielle, 1851*.
2 *Correspondance*, t. II, p. 198.

Chapitre V

des mains de celle-là. Mais des mains de l'État ? Jamais. Elles sont trop gauches et trop pesantes. Elles écrasent tout ce qu'elles étreignent. C'est pourquoi Proudhon est un des premiers à dénoncer l'illusion du Gouvernement provisoire, qui pense résoudre la question sociale à coups de décrets. Décret qui garantit l'organisation du travail, décret qui ordonne la création d'ateliers nationaux, décret qui réduit les heures de travail, abolit les tâches et le marchandage, décret qui ordonne l'établissement de comptoirs nationaux pour le petit commerce, décret qui donne cours forcé aux billets de banque - dès le 22 mars l'auteur de la *Solution du problème social* [3] passe au crible tous ces produits de « l'activité »gouvernementale ; il démontre par le détail, avec la compétence et avec l'ardeur d'un économiste libéral, qu'elle atteint naturellement des résultats tout contraires à ceux qu'elle vise : elle ne peut qu'organiser la hausse, ralentir le crédit, préparer la faillite. Et il conclut, par des formules qui font penser à celles de Joseph de Maistre sur les constitutions, que cette accumulation de papiers sur le sol national, cette « formation papyracée [4] » demeurera seulement comme la preuve tangible que les gouvernements sont incapables de comprendre les révolutions. L'enseignement à retirer de cette compétence expérience ? C'est qu'il faut nier, d'abord, « la compétence révolutionnaire des gouvernements ».

Dans cette campagne d'opposition que Proudhon mène dès le lendemain de la victoire, ne reconnaissons pas seulement l'entrain de l'homme qui met sa joie à contredire tout le monde : socialiste contre les économistes tout puissants, économiste contre les socialistes au pouvoir. Ici encore transparaît l'état d'esprit de l'inventeur : sa « combinaison » n'était-elle pas précisément faite pour permettre aux peuples de se passer de gouvernements, et d'organiser, dans et par la liberté, toute l'égalité possible ?

*
* *

Dans les couloirs de l'Assemblée Constituante notre réformateur devenu député répète à qui veut l'entendre : « Je suis un financier ». Victor Hugo s'effarait, dit-on, de cette profession de foi. Proudhon pourtant n'y mettait pas malice. Du moins, il n'y voyait pas

---

3 P. 20.
4 *Idée générale de la Révolution au XIXe siècle*, p. 137.

Célestin Bouglé

le moindre paradoxe. Il est fier, en tout sérieux, de son expérience de comptable. Il faut voir son dédain magnifique pour les beaux esprits qui n'ont point « passé par la routine des bureaux ». « Si vous ne me tuez à la première décharge, crie-t-il à ses contradicteurs, je vous dirai en expirant : « Avant de parler de propriété, allez tous rue de Rambuteau, 15, chez M. Hippolyte Vannier, faire un cours de tenue des livres [1] ». Toute la philosophie sociale, selon lui, est impliquée dans cet art modeste et indispensable. Si l'on ne sait pas balancer le doit et l'avoir, que se mêle-t-on des questions politiques, qui sont en leur fond des questions économiques ? Hors des « solutions banquières », pas de salut.

Dans la combinaison, que va expliquer Proudhon - pour obéir, raconte-t-il, à l'injonction de quatre citoyens armés qui vinrent, tout poudreux encore de la bataille, le sommer de livrer au peuple la synthèse promise à la fin des *Contradictions économiques* - on retrouvera finalement la trace des préoccupations habituelles à l'homme d'affaires de la maison Gauthier, mêlée à celle des réflexions familières au disciple d'Adam Smith. La solution qu'il préconise n'est pas seulement une solution de circonstance inspirée par un « instant terrible [2] » ; elle est conforme aux préférences qu'il a antérieurement marquées, comme aux théories sur la valeur auxquelles il s'est arrêté.

Ce qui avait le plus frappé les esprits, dans la crise économique qui suivit le triomphe de la révolution, c'était, avec la hausse générale, le brusque resserrement du crédit. L'argent se cachait. Ralentissement de la circulation, impossibilité de soutenir les entreprises existantes, ou d'en lancer de nouvelles : c'était la mort par paralysie. Proudhon répond donc à l'inquiétude générale, lorsqu'il dit qu'il faut d'abord accélérer la circulation, organiser non pas le travail, mais le crédit, et pour cela préparer une baisse universelle des produits, par conséquent encore diminuer le revenu sous toutes ses formes [3].

Après les journées de juin, dans cette fameuse séance du 31 juillet où il devient « l'homme-terreur », Proudhon propose froidement,

---

1 *Voir l'Avertissement aux propriétaires*, p. 34, en note. *Correspondance*, t. II, p. 259.
2 *Solution du Problème social*, p. 94.
3 *Solution du Problème social*, p. 98.

pour revivifier la circulation, qu'on astreigne les propriétaires à faire remise à leurs débiteurs, pendant trois ans, d'un tiers de leurs dettes. Le projet est autre chose qu'une inspiration subite, une réponse du tac au tac soufflée par le seul désir de faire de la « fascination » et d'exaspérer le bourgeois. Dès les premiers mois de 48, c'était à un projet analogue, plus large seulement, que Proudhon voulait convertir le peuple. Ce qu'il demandait alors, ce n'était pas seulement une prorogation de toutes échéances, remboursements, loyers et fermages, mais une réduction de tous revenus et traitements, salaires y compris. Il prétendait procurer le bien-être à tous en abaissant le péage que chacun prélève sur la circulation générale. L'essentiel, si l'on veut que celle-ci reprenne et accélère son mouvement, est d'organiser une baisse qui rapproche, enfin, le prix des produits de leur valeur vraie.

La valeur vraie. Depuis longtemps l'ambition de Proudhon était de la déterminer. C'est pour cet objet qu'il utilisait les notions élaborées par les économistes anglais. « Toute la valeur échangeable des objets est mesurée par le travail humain qui y est incorporé [1] ». C'était leur principal axiome. Nous avons vu comment les penseurs socialistes devaient l'utiliser. Proudhon, lui aussi, lui surtout, s'efforce de faire rendre à cet axiome toutes ses conséquences pratiques. Décidons seulement de mesurer, en fait, par la quantité de travail qui y est incorporée, les produits que nous échangeons. Dès lors la valeur ne serait-elle pas « constituée, fixée, arrêtée », et le terrain tout préparé pour l'institution d'un régime économique égalitaire ? Pierre a dépensé pour façonner un chapeau trois journées de travail ; Paul, pour dresser une table, en a dépensé deux. Pierre a donc acquis le droit d'acheter pour trois journées de produits. Paul pour deux journées. Ni plus ni moins. Imaginons que ce « ni plus ni moins » devienne la règle stricte de tous les échanges. Imaginons que tous les vendeurs puissent acheter et ne puissent acheter qu'à proportion de leur travail. L'incertitude des valeurs, principe de la spéculation sous toutes ses formes, trouverait dès lors son terme. On saurait à quoi s'en tenir, on saurait sur quoi compter. L'idéal des économistes, si longtemps une dérision, passerait enfin dans les faits. Les produits pourraient effectivement s'échanger contre les produits, les services contre les services. La loi du talion

---

1 Voir plus haut, p. 50.

Célestin Bouglé

appliquée au monde économique devient une bénédiction. Plus d'agio, plus de spéculation, plus de revenu sans travail. « Rente, fermage, loyer, intérêt de l'argent, bénéfice, agio, escompte, soumission, privilèges, monopoles, prime, cumul, sinécures, pots de vin », toutes ces aubaines qu'un Bastiat s'acharne à consolider, Proudhon les voit s'évanouir, comme d'un coup de baguette magique, par la seule vertu de l'échange équitable [1].

Du coup s'allège le poids de l'impôt que prélèvent sur la circulation les détenteurs de l'or : sa royauté est menacée. Quel soulagement, quelle libération si l'on pouvait se passer de numéraire ! Tout au moins est-il loisible d'organiser, par la réciprocité, la gratuité du crédit. Émettons des billets gagés par des produits, dont la valeur serait elle-même fixée par la quantité de travail cristallisée en eux. Dès lors, qui empêche que les travailleurs se bornent à échanger des promesses de produits ? Ainsi l'usage de la lettre de change pourrait être généralisé. De proche en proche l'échange direct et égal s'instituerait entre tous, producteurs et consommateurs.

Tel était le principe de la *Banque du peuple* - « formule financière de la démocratie moderne », destinée à accomplir par la seule réforme du crédit la plus radicale des révolutions, « sans impôts, sans emprunt, sans numéraire, sans papier-monnaie, sans maximum, sans banqueroute, sans loi agraire, etc. [2] ».

Lorsqu'il se représente les répercussions indéfinies de cet ingénieux mécanisme, Proudhon ne sait plus contenir son lyrisme. « Je forme une entreprise qui n'eut jamais d'égale, qu'aucune n'égalera jamais. Je veux changer la base de la société, déplacer l'axe de la civilisation, faire que le monde qui, sous l'impulsion de la volonté divine, a tourné jusqu'à ce jour d'Occident en Orient, mû désormais par la volonté de l'homme, tourne d'Orient en Occident [3] ». Les vicissitudes de la politique ne devaient pas laisser au lyrique banquier le temps de pousser son expérience. En avril 1849, pour

---

1 *Voir Intérêt et Principal, Discussion entre M. Proudhon et M. Bastiat sur l'intérêt des capitaux, t.* XIX des *Oeuvres complètes.*
2 *Organisation du crédit et de la circulation (tome* VI des *Oeuvres complètes),* p. 89.
3 Voir les *Mélanges,* t. I, p. 1. Article du *Peuple. -* C'est à la fin de cet article que Proudhon écrit cette formule sibylline, mais révélatrice de ses préoccupations persistantes : « Qui donc peut nous rendre une politique, une justice, une économie sociale, une philosophie, une religion, une certitude, si ce n'est *l'algèbre de l'égalité* succédant à l'arithmétique de l'égoïsme ? »

Chapitre V

un article trop vif contre la Présidence, Proudhon est jeté en prison. La banque dont il était gérant est liquidée.

Libre, aurait-il réussi à la faire vivre ? Il semble bien que l'idée en soi était viable. On pourrait soutenir qu'on la voit ressusciter, sous une forme nouvelle, dans l'œuvre des coopérateurs. Par des procédés différents de ceux que Proudhon imaginait, eux aussi cherchent à assurer, avec l'extinction des aubaines, la vente à juste prix, la fixation de la valeur, l'équité des échanges. En ce sens, n'est-ce pas dans les sociétés coopératives qu'il faudrait chercher aujourd'hui les véritables héritiers de Proudhon, les plus fidèles représentants de sa pensée de comptable [1] ?

Une chose est sûre du moins, C'est que, comme les coopérateurs, le fondateur de la *Banque du peuple* est convaincu que le problème social est en son fond un problème de circulation, de crédit, d'échange ; et que, comme eux, il remet la solution de ce problème à l'association des initiatives, non à la pression de l'État. Son socialisme est un socialisme de l'échange [2], et un socialisme libéral.

*

* *

La nature même de la combinaison où Proudhon a mis toute sa confiance nous livre les raisons de sa mauvaise humeur contre la démocratie.

Le socialisme gouvernemental est la bête noire de Proudhon ; s'il déteste le communisme, c'est que sa mise en œuvre supposerait une immense machinerie d'État, force appareils de coercition, tout un arsenal de lois, décrets et règlements. Or la démocratie ne semble-t-elle, pas avoir pour mission de rendre à l'État une nouvelle jeunesse ? « La démocratie est l'idée de l'État étendue à l'infini [3] » Ne multiplie-t-elle pas, pour la collectivité, les prétextes en même temps que les moyens d'« intervenir », c'est-à-dire finalement de mécaniser la personne humaine ? La doctrine du gouvernement par le peuple et pour le peuple contribue à subordonner une fois de plus, et plus que jamais, l'économie politique à la politique, alors qu'il serait temps enfin de subordonner la politique à l'économie

---

1 Voir le livre d'E. Lagarde : la *Revanche de Proudhon, ou l'Avenir du socialisme mutuelliste*, Paris, Jouve, 1905.
2 M. Aucuy, Les *Systèmes socialistes d'échange*, chap. II, Paris, Alcan, 1908.
3 *Solution du Problème social*, p. 86.

Célestin Bouglé

politique. En ce sens, un étatisme populaire constitue le dernier obstacle, mais non le moins haut, à l'établissement spontané de l'ordre à la fois libéral et égalitaire qui est le rêve de Proudhon. C'est pourquoi contre les institutions, contre les aspirations, contre les illusions de la démocratie il se retournera de toute son énergie.

Ce n'est pas du tout qu'elle soit à ses yeux une forme inférieure de gouvernement, - analogue, comme diraient les « scientistes » du néo-royalisme, à ce qu'est dans la série animale l'embranchement des protozoaires. Bien plutôt serait-elle, en un sens, la forme ultime de gouvernement, l'essai désespéré que tente pour survivre, en se dissimulant autant qu'elle peut, l'idée autoritaire. Un régime démocratique est donc le suprême empêchement à l'institution de cette *anarchie positive* que serait la République.

La « République - anarchie positive » : on rappelle souvent, comme une condamnation sans recours, cette formule de Proudhon. Il y voyait, quant à lui, l'expression d'un magnifique idéal. Il voulait dire que dans la République digne de ce nom régnerait une harmonie spontanée, œuvre des équitables contrats conclus entre libertés égales. Mais précisément les illusions que la démocratie entretient, les institutions qu'elle multiplie détournent les individus des initiatives indispensables à ces accords. Elle assigne comme but suprême à leur effort la conquête de la souveraineté : quand cette souveraineté se borne à contresigner des lois qui serviront à leur lier les mains ! On s'acharne à bâtir des forteresses pour la défense des libertés publiques. On ne s'aperçoit pas qu'on devient fatalement prisonnier des forteresses qu'on bâtit. Plus de gouvernements quels qu'ils soient : mais des commis, des administrateurs, des comptables. Cela suffit à la justice. Proudhon, en suivant l'élan du progrès, en allant dans le même sens, mais plus loin que ses compagnons d'ascension, découvre l'heureuse vallée où chacun, dans la plénitude de la liberté, aura sa part égale d'ombre et de soleil. C'est pourquoi il enrage de voir les hommes, si près du but final, faire halte dans les rochers, et construire encore une fois des ouvrages de défense. Ce retard de l'histoire porte son impatience à son comble. Du haut de son observatoire, les abris les mieux construits, parce qu'ils retiendront l'homme plus longtemps, lui paraissent les plus dangereux.

On voit maintenant en quel sens Proudhon est anti-démocrate.

Chapitre V

Il est très vrai qu'il a multiplié les rebuffades à l'adresse du suffrage universel, du parlementarisme, de l'Étatisme. Il les a criblés de flèches aiguës. Elles ne sont pas toutes émoussées aujourd'hui. Libre donc, à chacun d'en ramasser le plus qu'il peut et de les relancer contre ses adversaires, pour la plus grande gloire de son parti. Ce qui reste paradoxal, c'est de voir ceux qui voudraient, par on ne sait quel coup d'État, remettre en selle un gouvernement fort, et, empruntant le plus clair de sa force à une tradition prestigieuse, tirer à eux l'auteur de la *Justice dans la Révolution et dans l'Église*. Ces appels à la force, non moins que ces hymnes à la tradition de l'ancien régime, eussent fait hurler notre ex-typographe. C'est dans le sens de la liberté et de l'égalité qu'il veut pousser. Et s'il bouscule la démocratie politique, c'est pour mieux préparer le règne de ce qu'il appelle, avant les Sidney Webb, la « démocratie industrielle [1] ».

*

* *

Il importe toutefois d'ajouter un trait. La démocratie n'inquiète pas seulement en Proudhon l'économiste, le partisan des « solutions banquières » de la question sociale. Elle choque encore le philosophe. Par telle de ses prétentions elle le heurte jusque dans les idées qui lui sont les plus chères : dans ses conceptions sociologiques elles-mêmes. Ne tendrait-elle pas à rendre inutile tout le travail qu'il croit nécessaire pour dégager de l'histoire les *dictamina* de la raison collective ?

« *Interroger le peuple !* Là est bien le secret de l'avenir. *Interroger le peuple !* C'est toute la science de la société [2] ». Proudhon lui aussi, en 48, chante volontiers cet hymne. Tout ce qui a été fait de grand l'a été par la volonté du peuple ; rien de grand ne sera fait sans elle. Mais que veut-elle au juste ? Que voudra-t-elle demain ? Ici les difficultés commencent, et Proudhon ne se fait pas faute d'en avertir l'opinion. « Le peuple, être collectif, j'ai presque dit être de raison, ne parle point dans le sens matériel du mot. Le peuple, non plus que Dieu, n'a des yeux pour voir, des oreilles pour entendre, une

---

1 On sait que c'est le titre qu'ils ont donné à leur enquête sur les méthodes et les résultats du *Trade-Unionisme*. C'est dans la *Capacité politique des classes ouvrières*, p. 89, que nous trouverons ce terme.
2 *Idées révolutionnaires*, p. XII. Ces formules sont de Darimon, résumant la pensée de Proudhon. Cf. la *Solution du Problème social*, p. 17-18.

Célestin Bouglé

bouche pour parler [1]. » Comment s'y prendre donc pour discerner sa véritable pensée ?

Suivant les démocrates rien ne serait plus simple. Pour dégager la pensée du peuple, offrons aux individus qui le composent les moyens de se prononcer. Comptons les voix. Une opération d'arithmétique nous dira quelle idée domine et doit être souveraine.

Ce simplisme brutal et matérialiste a le don de mettre Proudhon en fureur. Il démontre impitoyablement tous les artifices, tous les vices qu'entraîne la pratique du suffrage sous une forme quelconque. La démocratie ainsi comprise, s'écriera-t-il, n'est qu'une aristocratie déguisée : elle est l'exclusivisme, elle est l'ostracisme, elle est l'absolutisme [2]. Pour conclure : « Le moyen le plus sûr de faire mentir le peuple c'est d'établir le suffrage universel ».

« Le suffrage universel est une sorte d'atomisme par lequel le législateur, ne pouvant faire parler le Peuple dans l'unité de son essence, invite les citoyens à exprimer leur opinion par tête, *viritim*, absolument comme le philosophe épicurien explique la pensée, la volonté, l'intelligence par des combinaisons d'atomes. C'est l'athéisme politique dans la plus mauvaise signification du mot : comme si, de l'addition d'une quantité quelconque de suffrages, pouvait jamais résulter une pensée générale [3] »

On voit à plein, ici, le fond philosophique de la querelle que Proudhon cherche à la démocratie. C'est à l'atomisme qu'il en veut. C'est le réalisme social qu'il entend défendre. Il le dira dans une lettre de 1853 avec toute la netteté désirable : le préjugé qui fait l'essence de la vieille démocratie, c'est celui qui permet à *la somme des individualités,* se posant comme souverain, d'usurper la place de la *société.* L'illusion capitale, c'est la confusion de la volonté sociale avec le suffrage universel, « chose toute individualiste ». « L'expérience du gouvernement direct des masses, ajoutera-t-il, a détruit l'erreur grossière qui faisait prendre la généralité d'une opinion pour une idée sociale, et l'action en masse pour l'action de la société [4]. »

---

1 *Solution du problème social,* p. 39.
2 *Solution du problème* social, p. 48 et suiv.
3 *Solution du problème social,* p. 62.
4 *Correspondance,* t. V, p. 266, 268.

L'idée-mère de la recherche sociologique reparaît ici : à savoir l'idée que la société est autre chose que la somme des individualités. D'où il suit, en effet, qu'il ne suffit pas qu'un sentiment se retrouve dans un grand nombre de consciences individuelles pour qu'il rentre dans le patrimoine de ce que nous appellerions la conscience collective. Autre chose est consulter les hommes un à un, dans leurs raisons séparées, autre chose dégager les tendances qui s'imposent à l'ensemble qu'ils constituent.

C'était précisément pour dégager ces tendances que Proudhon s'était forgé une méthode d'interprétation de l'histoire. Selon lui, à lire entre les lignes des événements, on arrive à percevoir ce travail de la raison publique qui poursuit son éducation par les faits, non par les discours. On assiste ainsi à « l'épuisement des principes », jugés par leurs conséquences expérimentales. Les voies que l'humanité s'est fermées nous renseignent sur celles qui lui restent ouvertes. Connaissant les hypothèses qu'elle a essayées, on peut connaître celles qui lui restent à essayer, et même pressentir l'ordre de ces essais. Ce que la société vient de nier ne permet-il pas de prévoir ce qu'elle est en passe d'affirmer ?

Déterminer ainsi ce que commande, par le poids même du passé, la logique des situations historiques, c'est une opération moins simple sans doute, mais aussi autrement féconde que celle qui consiste à demander des oracles au corps électoral, qui n'en peut mais. Cette méthode « diacritique », Proudhon l'applique à l'interprétation même des événements dont il est témoin. Et ce n'est pas seulement en historien, mais bien en sociologue qu'il les analyse. Les ouvrages que Proudhon écrit après 48 sont moins ambitieux que la Création *de l'ordre* ou les *Contradictions économiques*. *Ils* sont plus concrets. Ils serrent la réalité de plus près. En particulier, on n'y trouve plus trace des rêveries pythagoriciennes qui l'entraînaient à concevoir la science sociale sur le type d'une algèbre supérieure. Du moins, c'est en financier, désormais, qu'il entend la mathématique de la justice. Son pythagorisme, pourrait-on dire, semble s'être résorbé dans son comptabilisme. Mais l'autre partie de sa philosophie première reste vivante. Il continue de croire à une révélation par l'évolution, révélation dont les phases marquent autant de progrès de la raison impersonnelle.

Parce qu'il s'est dès longtemps exercé à se placer à ce point de vue, Proudhon a pu dès l'abord juger les démarches de la Révolution de 48 et distinguer, de celles qui allaient dans le sens du progrès, les « entreprises de rétrogradation ». Envisage-t-on la série de ces négations successives qu'on appelle les révolutions, on voit clairement que les questions qui se posent aujourd'hui sont moins des questions politiques que des questions économiques : la dernière heure de l'idée gouvernementale a sonné. Certes celle-ci a fait une belle défense. Elle a pris pour survivre toutes les formes imaginables. Mais cette succession d'essais infructueux ne fait que rendre plus décisive la conclusion [1].

Plus un peuple offre de résistance aux démonstrations de l'histoire - et c'est, contrairement à l'opinion commune, le cas du peuple français - plus ces démonstrations sont péremptoires et s'imposent à la conscience publique. L'effet fatal des réactions n'est-il pas d'intéresser à la cause de la révolution, de proche en proche, la société dans tout ce qu'elle a de vivant ? Les convulsions de l'Autorité - qu'elle prenne ou non figure républicaine – ne font que rendre plus sensible la nécessité d'un radical changement de méthode.

Ainsi sont jugés, par l'histoire rationnellement interprétée, ceux qui vont répétant, pour justifier l'alliance du socialisme et de la démocratie, que la révolution politique est le moyen de la révolution sociale. Cette proposition aussi doit être retournée. La révolution sociale sera le moyen de la révolution politique. L'heure est venue de porter tout l'effort sur la réorganisation économique en instituant, par des accords spontanés, la justice de l'échange. Cela fait, le reste ira de soi. Le fond emporte la forme ; mais la réciproque n'est pas vraie.

*
* *

Les tenants et les aboutissants de cet état d'esprit se laissent clairement apercevoir. Malgré toutes les différences de tempérament qui les séparent, Proudhon est ici le continuateur de Saint-Simon, - et malgré tant de convergences entre les campagnes qu'ils mènent avant 48, Proudhon reste le contradicteur de Louis Blanc.

Des notions élaborées par les économistes du XVIIIe Siècle, Saint-Simon le premier avait tiré les éléments d'une antithèse

---

1 *Mélanges*, t. III, p. 12, 38 ; *Idées révolutionnaires*, p. 182 ; *Confessions*, p. 25-30.

Chapitre V

grandiose. Sur leur *société civile*, il édifiait son *régime industriel*. Et il opposait en tout et pour tout le régime industriel au régime militaire et féodal, comme l'administration des choses au gouvernement des personnes, comme l'ordre débattu et consenti à l'ordre imposé, comme le contrat à la contrainte. Proudhon - avant Spencer - exploite cette opposition. Sa pensée se greffe directement ici sur la pensée saint-simonienne. « Justice commutative, règne des contrats, régime économique ou industriel... autant de synonymies, déclare-t-il lui-même, de l'idée qui, par son avènement doit abolir les vieux systèmes de justice distributive, de règne des lois, en termes plus concrets, de régime féodal, gouvernemental ou militaire : l'avenir de l'humanité est dans cette substitution [1]. »

Mais quand cette foi dans l'organisation spontanée de la société civile emplit l'âme de Proudhon, quelle impatience ne doit pas lui faire éprouver la tactique d'un Louis Blanc ! Celui-ci ne persiste-t-il pas à regarder la politique comme l'intermédiaire indispensable ? Du moins révère-t-il, dans le Pouvoir régénéré, la sauvegarde des libertés positives. Il s'imagine qu'il suffit de déclarer que l'État sera désormais l'État-serviteur, et non plus l'État-maître, pour que tout soit sauvé. Il croit à la possibilité d'une révolution par en haut. En face d'illusions aussi dangereuses Proudhon ne se tient pas de fureur. *L'Idée générale de la Révolution au XIXe siècle* est avant tout une réfutation en règle de *l'Organisation du travail*. C'est à Louis Blanc que pense Proudhon lorsqu'il répète qu'organiser le travail c'est crever les yeux à la liberté. Et il lui reproche amèrement, non pas certes d'avoir réalisé la société, mais de l'avoir réalisée dans l'État. Au fond, Louis Blanc manque de foi dans la réalité de l'être social. Il ne voit pas que, pour exister en soi et par soi, pour devenir conscient de lui-même et se réformer selon ses vœux profonds, un peuple n'a nul besoin de législateurs, de préfets, de procureurs, de gendarmes. Il suffit que les citoyens s'entendent directement pour régler les conditions de l'échange égal. Une sorte de révolution moléculaire, une auto-régénération de la société civile s'opérera ainsi, qui rendra inutiles toutes les reconstructions rêvées pour la société politique [2].

---

1 *Idée générale de la Révolution*, p. 115.
2 Voir *Mélanges*, t. III, p. 11 : « Nous nions le gouvernement et l'État, parce que nous affirmons, ce à quoi les fondateurs d'États n'ont jamais cru, la personnalité et l'autonomie des masses. » Cf. les *Questions d'hier et d'aujourd'hui*, de Louis Blanc,

Célestin Bouglé

Par où l'on voit Proudhon aboutir à des conclusions exactement contraires à celles de Hegel. Chez Hegel aussi, l'influence des concepts élaborés par les économistes s'était fait sentir : dans la *Philosophie du Droit* et dans la *Philosophie de* l'Esprit, entre la famille et l'État prend place la « *bürgerliche Gesellschaft* », la « société civile » en qui se réalise « le système des besoins ». - Et c'est de là sans doute que cette notion devait passer dans la philosophie de Marx, pour fournir sa substructure à tout le reste. - Mais, pour Hegel, l'ordre constitué par le système des besoins n'est à aucun degré un ordre capable de se suffire à lui-même. Bien plutôt le philosophe y voit-il, par cela même que les individus y prennent pour fin leurs intérêts particuliers, une sorte de retour à l'atomisme. Au fond, les associations qui naissent du commerce lui paraissent aussi peu associantes que possible. Elles ne sauraient servir de support à l'esprit collectif ; et c'est pourquoi la « *bürgerliche Gesellschaft* » doit être dépassée par l'État, en qui seul la substance sociale arrive à la conscience d'elle-même. La tendance proudhonienne, sur ce point, est tout justement l'inverse de la tendance hégélienne. La société civile est, pour l'auteur de *l'Idée générale de la révolution au XIXe siècle,* le milieu où il veut, afin de l'y dissoudre, immerger l'État : « Ce que nous mettons à la place de la force publique, c'est la force collective [1] ». En termes elliptiques, il signifie ainsi que « l'organisme économique », où cette force collective prend corps, doit résorber en quelque sorte le pouvoir gouvernemental. Proudhon est donc bien loin de voir, dans le monde de l'échange, un atomisme dispersant. Il est bien loin de croire que, lorsque les individus sont face à face, débattant les conditions de leurs échanges, l'esprit collectif manque de support. Au contraire, le verdict de cet esprit suppose ce débat même. Laissez les hommes libres contracter en toute égalité : c'est alors que se manifeste la justice, suprême intérêt de la société, - c'est alors en d'autres termes que parle la raison collective.

Nous comprenons maintenant pourquoi Proudhon pouvait écrire que l'économie politique est la dépositaire des pensées secrètes de la société, et pourquoi il devait, du point de vue de l'économie politique, réagir contre les tendances qu'il avait cru voir s'exalter en 48.

---

tome III, p. 176 et suiv.
1 *Idée générale de la Révolution,* p. 259.

Chapitre V

L'anti-étatisme est le premier article de, son *Credo*. Sa sociologie demeure obstinément libérale en même temps qu'égalitaire. C'est une sociologie d'économiste et, plus précisément, de comptable.

Célestin Bouglé

Chapitre VI
PROUDHON MORALISTE

Une « solution banquière » de la question sociale ne cesse pas d'être présente à l'esprit de Proudhon. Il reste persuadé qu'on sauverait le monde si l'on voulait bien transformer méthodiquement le mécanisme de l'échange. Mais cette transformation même ne requiert-elle pas une véritable régénération des âmes ? Cette réforme économique, elle aussi, paraît supposer une réforme morale. On a souvent fait cette objection au système de l'enthousiaste comptable. Votre idéal deviendra une réalité, a-t-on dit, l'équité que vous rêvez régnera dans les échanges le jour béni où les hommes auront pris le pli du dévouement, du renoncement, du sacrifice mutuel. Votre mécanisme a besoin de cette huile qui fait des miracles. Votre mutuellisme implique un postulat, - qui n'est rien moins que le triomphe de la fraternité.

Ainsi présentée, la critique est sans doute injuste. Du moins elle eût fait bondir Proudhon comme une injure. Il espère bien n'avoir pas à imposer le sacrifice aux hommes. De la fraternité il se défie, écrit-il, à l'égal de la volupté. La prédication de la charité, qui mêle tout, l'exaspère autant qu'elle exaspérera Renouvier lui-même. C'est le sentiment du droit qu'il entend inculquer au peuple. Mais c'est à vrai dire le sentiment du droit égal des individus. Et pour peu que l'égalité ne soit pas respectée, tout l'équilibre rêvé est compromis. Proudhon ne demande pas à ses échangistes l'abnégation du moi. Il postule du moins que leurs « moi » sont disposés à se traiter en égaux. Il suppose un individualisme qui ne dégénère pas en égoïsme. Il lui faut, vivante et agissante dans les âmes, la ferme volonté, non seulement de respecter les contrats souscrits, mais d'abord de souscrire des contrats justes. Imaginez que l'un des échangistes qu'il met en présence conserve la secrète pensée de grossir ses bénéfices au delà de ce qui est dû à son travail, en tirant profit des aléas favorables : n'en serait-ce pas assez pour ruiner tout le système ? Il reste donc vrai que la « combinaison » destinée à assurer l'équité des échanges exige une atmosphère d'honnêteté. Proudhon économiste a besoin que Proudhon moraliste lui balaie-la route.

La besogne n'était d'ailleurs pas de nature à effrayer notre Franc-Comtois, rude et pur. Pour l'accomplir, il n'avait pas à forcer son talent. Quand bien même la logique de son système ne l'eût pas demandé, son tempérament le prédestinait à prêcher là justice. Il est devenu comptable : il est né moraliste.

C'est d'ailleurs un moraliste de la meilleure race, un moraliste pratiquant, et qui peut harmoniser sa théorie avec sa pratique, sa pratique avec sa théorie. Pour sa part il n'admettra jamais ce qu'un Rousseau avoue si cavalièrement, quitte à en battre sa coulpe : un constant écart entre la vis et les principes. Proudhon est avant tout une âme d'une honnêteté foncière. Il a soif de probité, de loyauté, de chasteté. De Karl Grün à Sainte-Beuve, tous ceux qui l'ont approché témoignent de l'espèce de respect qu'inspirait son caractère. Le plus malintentionné de ses biographes, M. Arthur Desjardins, ne peut retenir cet aveu : « l'homme-terreur » était décidément le modèle de toutes les vertus privées. Travailleur acharné, la misère revient presque chaque matin frapper à sa porte ; jamais elle ne réussit à lui faire courber le front. Le plus scrupuleux des débiteurs, il renvoie aux amis les cadeaux trop généreux. Il refuse une compensation de 20 000 francs que lui offraient les Pereire après l'avoir évincé d'une adjudication. Il repousse les offres tentatrices des journaux qui ne lui paraissent pas assez purs. Et jusqu'au bout, quand il sera tourmenté par le catarrhe, « soufflant, toussant, crachant », il ne cessera pas d'abattre sa tâche quotidienne : parce que c'est un besoin, et aussi parce que c'est un devoir.

Exigeant pour lui-même, il a le droit de l'être pour les autres. Il ne craint pas de leur prodiguer les exhortations, voire les admonestations. Sur ceux qui faiblissent il est toujours prêt à se pencher, pour les redresser avec une bienveillance bourrue. « Souviens-toi comme moi, écrit-il à son frère, que la vie étant un combat, le plus sage est de faire de ce combat notre félicité [1]. » Devant la veulerie où le monde lui paraît s'enliser il ne peut retenir un cri de colère et de désespoir. Jeune homme, le spectacle du vice impuni le mettait hors de lui : il sentait, dit-il, comme un flot d'acide tomber sur son cœur. Il rêvait de fonder des confréries de justiciers, chevaliers nouveaux, qui travailleraient hardiment à l'épuration de l'âme humaine. Du moins voudra-t-il dans son âge mûr, lorsqu'il aura

---

1 Voir E. Droz, *P.-J. Proudhon*, p. 188 et suiv.

Célestin Bouglé

achevé le tour des idées, remédier à cette « absence de principes » qui lui paraît le pire poison des caractères [1]. À ses yeux un absolu subsiste : et c'est précisément la morale [2]. Il s'efforcera de faire partager cette conviction au peuple même, et de consolider le culte de la justice en le fondant sur des principes adaptés à l'état actuel de l'esprit humain. De cet effort est sorti le livre intitulé *La Justice dans la Révolution et dans l'Église.*

Livre étrange et complexe, où les vues métaphysiques s'entrelacent aux souvenirs personnels, où les problèmes les plus divers, actuels et éternels, s'entrechoquent dans un effarant tumulte. L'homme qui mène cette danse d'idées apparaît comme un touche-à-tout génial, animé de toutes les audaces du plébéien autodidacte. Il ne recule devant aucune question, et pour chacune d'elles il tient sa solution prête. Une préoccupation pourtant plane au-dessus de tous les articles de cette encyclopédie tumultueuse : celle du droit humain à justifier rationnellement. Une même inspiration traverse les douze études de la Justice : elle est avant tout un traité de morale indépendante, qu'un rural émancipé dédie, en manière de défi, à sa vieille ennemie l'Église.

*
* *

Le lendemain du 2 décembre, Proudhon a trouvé moyen de prendre encore une attitude originale. Certes, à la nouvelle du coup d'État, il reçoit lui aussi une terrible secousse. L'horreur du crime, dit-il, écrase sa conscience ; et il est persuadé que cette nuit laissera, sur la moralité de la nation, une tache indélébile [3]. On ne le rencontrera pourtant pas dans la petite phalange des protestataires irréductibles. Il ne sera pas de ceux qui, au nom du droit violé, refusent le serment, ou prennent volontairement le chemin de l'exil. Une fois de plus, ceux qui croyaient pouvoir faire fond sur lui le voient se séparer de leur troupe, sinon se retourner contre elle.

---

1 *De la Justice dans la Révolution et dans l'Église (Essai d'une philosophie populaire),* 1re *Étude,* p. 70. Nous citons d'après la *2e* édition qui fut publiée à Bruxelles en 1860, - deux ans après la 1re, - et qui est considérablement augmentée.

2 *Philosophie du Progrès,* 1858, p. 58. En quel sens la philosophie de Proudhon « ramène tout à la morale », c'est ce que montre M. Bernès, dans les *Études sur la Philosophie morale au XIXe siècle* (p. 101-145).

3 *Voir la Correspondance,* t. IV, p. 138, 217 (lettres du 11 déc. 1851 et du 23 *février 1852).*

Chapitre VI

Sa première émotion surmontée, il découvre dans sa philosophie de l'histoire des raisons de laisser faire, de laisser passer l'Empire.

Or les raisons qui vont le rendre indulgent à Napoléon III sont celles-là mêmes qui le rendaient si dur pour la République de 48. A celle-ci il en voulait surtout d'avoir usé et abusé des moyens politiques, sans s'apercevoir que ce sont désormais outils ébréchés, bons à jeter au rebut. Mais cette impression, que la politique a fait son temps, n'entre-t-elle pas précisément pour beaucoup dans l'état d'âme qui a rendu le coup d'État possible ? Louis-Napoléon proteste que son règne sera la fin des partis. Il traduit ainsi à sa manière le vœu logique d'une société avertie par tant d'expériences, et qui désire passionnément la fin de la politique, la fin de l'autorité. En ce sens le gouvernement de l'usurpateur est peut-être appelé à devenir le fossoyeur de l'idée gouvernementale ; et sur la tombe de celle-ci l'idée sociale se dressera. La politique s'absorbera dans l'économie, - ce qui est tout le programme du socialisme. Et il apparaîtra que l'Empire achève une série, la série révolutionnaire elle-même. Tel est du moins le sens qu'on doit assigner à l'acte du 2 décembre, si l'on tient compte, non pas des ambitions qui entraînent les acteurs, ou des prétextes qu'ils se donnent à eux-mêmes, mais de la force historique qui les mène : en d'autres termes, si l'on sait dégager ce que commande cette raison impersonnelle que Proudhon appelle ici (il n'ose plus pour le moment écrire « raison du peuple ») la « raison des choses [1] ». Par cette espérance désespérée, Proudhon justifie à ses propres yeux ses accommodements avec l'Empire.

Mais s'il est prêt de ce côté-là aux conciliations ingénieuses, sur d'autres points, il se dédommage ; devant l'Église en particulier il retrouve toute son intransigeance. Le parti-prêtre continue de l'inquiéter. Il a vu dans les villages les vicaires à l'œuvre, et frémi de leur toute-puissance. Lui-même a eu maille à partir avec les Jésuites ; ce sont eux qui rendent impossible - il en est persuadé, - l'apparition de sa *Revue du Progrès*. Les esprits libres, quelque voie qu'ils tentent, verront donc toujours se dresser devant eux les agents du pouvoir catholique ? N'est-il pas, à vrai dire, le suprême rempart de l'idée qui est par excellence, pour Proudhon,

---

1 Ce sont les thèmes développés dans *La Révolution sociale démontrée par le Coup d'État du 2 décembre,* publiée en 1852 (p. 93, 158, 265).

Célestin Bouglé

l'idée maudite : l'idée d'autorité ? Le gouvernement sacerdotal est
le gouvernement type. Il sert de modèle aux autres, quand il ne
leur fournit pas leur armature. Dans cette Trinité : État, Propriété,
Religion, le dernier terme soutient les deux premiers. À ce rôle
de contrefort l'Église romaine est mieux adaptée que toute autre.
Guizot louait le catholicisme d'être la plus grande école de respect
que l'humanité eût connue. Pour cette raison précisément le catholicisme est suspect aux yeux de Proudhon. Son anticléricalisme est
une forme de son anarchisme.

Notons d'ailleurs qu'en instruisant le procès du catholicisme
il espère bien faire tomber sous le même verdict toutes les religions, passées, présentes ou futures. En particulier, il vise cette
pléiade de réformateurs modernes qui finissent tous par devenir
fondateurs de religions. Nous avons remarqué déjà combien ces
variétés de romantisme l'exaspèrent. Après Saint-Simon et Enfantin, Jean Reynaud et Auguste Comte. Les uns comme les autres,
ils reviennent à l'attitude de l'adoration. Au fond, et en dépit de
toutes les inventions dont ils s'enorgueillissent, ils restent pour
Proudhon - comme pour Flaubert - des catholiques honteux, ou
inconscients. Par ses dogmes, par sa hiérarchie, par son culte, la
religion catholique n'est-elle pas au surplus la synthèse de toutes
les religions, et comme la religion modèle ? Concentrer sur elle
tout l'effort critique est le plus sûr moyen de se débarrasser « de
l'adoration et de l'autorité [1] ».

C'est pourquoi Proudhon reprend à son compte le mot d'ordre
de Voltaire : *écr. l'inf.*, et déclare sans ambages qu'il vient achever l'œuvre du XVIIIe siècle. Il est, il veut être le continuateur en
même temps que l'héritier des Encyclopédistes [2]. Seulement il se
rend compte que pour mener à bien leur entreprise il importe de
changer de méthode. Il faut combattre moins avec l'esprit qu'avec
la conscience. Qu'une critique libertine et superficielle n'ait obtenu
que des résultats éphémères, il n'y a là rien d'étonnant : sur un pareil terrain une victoire durable exige, « avec la plus haute raison,
la morale la plus pure [3] ».

C'est donc en défenseur de la morale que Proudhon, audacieuse-

1 *Justice, 7e Étude*, p. 20, 58 ; *4e Étude*, p. 48.
2 *Id., Ibid.*, p. 146.
3 *Id., 1re Étude*, p. 110.

ment, va mener l'attaque contre la religion. Son anticléricalisme, disions-nous, est une forme de son anarchisme. Mais son anarchisme est aussi éloigné qu'on peut le rêver de ce qu'on a appelé depuis l'immoralisme. Un Stirner refuse de distinguer entre les parties hautes et les parties basses de la personnalité : il pourchasse, dans la justice, la dernière des idoles inventées pour mâter *l'Unique*. Un tel état d'esprit eût scandalisé Proudhon. Nous observions que la morale est, à ses yeux, un absolu, le seul qui compte : pour mieux faire respecter cet absolu vivant il lutte contre toutes les formes de l'absolutisme. S'il écarte les disciplines religieuses, ce n'est à aucun degré pour libérer complaisamment les passions, mais pour les plier toutes, au contraire, devant la dignité humaine incomparablement rehaussée.

Proudhon est donc le plus décidé, le plus ferme des moralistes laïques. Il ne s'en tient pas à la défensive. Il ne se contente pas, comme on le fait souvent encore aujourd'hui - par exemple dans les débats sur l'enseignement moral à l'école - de plaider modestement en faveur de la morale indépendante, de faire valoir qu'elle aussi a droit à l'existence, et qu'il est temps qu'elle soit admise à faire ses preuves. Non, pour un Proudhon, il n'y a, il ne peut y avoir de morale qu'indépendante [1]. Il retourne hardiment la critique tant de fois répétée : c'est la tradition théologique, et non la raison laïque - il se fait fort de le prouver - qui est impuissante en matière de moralité humaine : c'est de l'Église qu'il faut dire qu' « elle n'a pas de morale », ou plutôt qu'elle est une entreprise de démoralisation.

Quelle n'était donc pas l'erreur de ces socialistes qui, jusqu'en 48, demeurent en coquetterie avec le christianisme, et répètent qu'ils n'auraient plus rien à désirer si seulement la société moderne redevenait fidèle à l'esprit de l'Évangile ! Ils rêvent d'impossibles retours [2]. Ils n'ont pas vu que l'acte constitutif de la société moderne, - la Déclaration des Droits de l'homme -, est aussi un congé signifié à un idéal oppressif. Un instant, Proudhon a pu partager

---

1 M. Pillon a bien mis en lumière ce que les adeptes de la morale indépendante durent à l'inspiration proudhonienne. (Voir *Année philosophique*, 1867, p. 271 et suiv.)

2 *Justice*, 2e Étude, p. 113 ; 7e Étude, p. 103. « Le comble de l'aberration a été d'avoir rendu la Révolution complice de ce système de mensonges, en faisant d'elle un produit, que dis-je ? Le complément de la révélation chrétienne. »

Célestin Bouglé

leur illusion conciliatrice. Nous avons vu que dans ses premiers essais il ne craignait pas d'invoquer à l'appui de ses revendications égalitaires l'autorité des Livres Saints. Mais au fur et à mesure que sa pensée s'enrichit et s'affermit, elle éprouve un plus vif besoin d'autonomie. Ses expériences mêmes l'ont convaincu que le monde moderne veut des principes à lui, et qu'aucun socialisme ne peut s'insérer dans la réalité si la voie ne lui est ouverte par une philosophie décidément laïque. Coupons donc hardiment le câble, comme disait Sieyès [1] : le salut de la moralité humaine est à ce prix. Ainsi s'explique le plan de cette Bible anticléricale qu'est *la Justice* : qu'il s'agisse des *Biens,* ou des *Personnes,* du *Gouvernement* ou de *l'Éducation,* du *Travail* ou des *Idées,* sur tous ces points Proudhon va s'acharner à prouver qu'entre la religion et la morale il y a antinomie.

*

* *

Par quelles raisons philosophiques Proudhon justifie-t-il ces thèses ? Par une critique en forme de *l'idéalisme* et de ses conséquences pratiques [2]. Si la religion démoralise, c'est précisément parce qu'elle idéalise. Qu'on y fasse attention : les déchéances de l'humanité s'expliquent moins peut-être par la domination des bas instincts que par un abus des facultés supérieures. L'idéalisme, qui détourne l'esprit des réalités données et l'hypnotise sur des abstractions, est le pire ennemi de l'action morale [3]. Or la religion est une débauche d'idéalisme. Elle fond l'idéal avec l'absolu. Toutes les qualités que l'humanité rêve, elle les érige en attributs d'un Être supérieur. La source de toutes les valeurs, elle la place dans un monde invisible. Elle détourne vers l'au-delà les plus hautes aspirations des mortels. Un moment peut-être, pour forcer des esprits encore incultes à s'incliner ensemble, cette « projection » a pu être utile ; elle devient bientôt dangereuse. C'est que l'Être suprême, ac-

1 *Justice,* 9e Étude, p. 2.

2 Voir, dans la 10e *Étude,* p. 49, cette formule, imitée de celle de Rousseau : « Tout se conserve et se développe dans l'humanité par la justice.... Tout dégénère par l'idéal ».

3 On a comparé les tendances morales de Proudhon à celles de Nietzsche (Voir l'article de M. Guy Grand, *Nietzsche et Proudhon,* dans la *Grande Revue* du 10 janvier 1910, p. I46-162). C'est peut-être par cette défiance à l'égard des valeurs *idéalistes* que se laisseraient le plus aisément rapprocher les deux penseurs, - qu'un monde sépare.

Chapitre VI

caparant le respect, éclipse toutes les autres valeurs. Il laisse la terre vide et l'âme humaine désenchantée.

Rappelez-vous plutôt les thèmes essentiels de la religion typique : théorie du péché originel, théorie de la grâce nécessaire, « pénitencerie » universelle. Tout cela est fait pour ôter à l'humanité sa foi en elle-même. Avec de pareils dogmes, on rabaisse le travail, on déprécie le mariage même, on dissout jusqu'au sentiment du droit : « La transcendance, en posant Dieu, l'idéal suprême, comme principe de la raison pratique, sujet révélateur et garant de la justice, a abouti par le culte, de cet idéal à la déchéance de la dignité humaine : par la prédestination et la grâce, à la négation de l'égalité ; par la Providence, au fanatisme de la raison de l'État ; par le probabilisme, à la corruption de l'entendement et aux hypocrisies de la science ; par le spiritualisme, à l'asservissement du travailleur ; par la duplicité de la conscience, au doute moral ; par le quiétisme, à l'inertie des populations, livrées comme des troupeaux à la consommation de leur pasteur ; par la haine de la nature, la peur de l'enfer, la promesse du paradis, aux misères de la vie et aux lâchetés de la mort [1] ».

Le *bon homme*, le *bon pauvre*, le *bon sujet,* voilà les créatures de l'Église, voilà les produits du transcendantalisme religieux [2]. Mais celui-ci était absolument incapable de mettre sur pied *l'homme libre, l'homme digne, l'homme juste,* qui ne courbe la tête devant aucune puissance supérieure, et demande à ses semblables, qu'il salue comme ses égaux, le même respect qu'il leur accorde. Ce sont là les mœurs propres à l'humanité devenue consciente d'elle-même, et pour fonder ces mœurs il faut désormais une philosophie, non plus de la transcendance, mais de l'immanence morale.

Comment Proudhon conçoit-il cette philosophie ? Exclut-elle vraiment toute espèce d'idéalisme ? Nous avons constaté, dans ses premiers mémoires, à quel point il est imprégné de l'esprit platonicien : il croit à l'existence d'un système d'idées éternelles qu'il appartient à la raison humaine, avertie par l'expérience, de retrouver peu à peu. Dirons-nous que, dans la *Justice,* Proudhon fait bon marché de cette croyance ?

Au premier abord, il semble qu'une tendance nouvelle prenne ici

1 *Justice, 9e Étude,* p. 78-80.
2 *Id.,* 4e *Étude,* p. 13.

Célestin Bouglé

le dessus : une tendance qu'on appellerait aujourd'hui pragmatiste. Fidèle à ses instincts d'ouvrier, attentif aussi aux symboles qu'il a rencontrés dans les réunions maçonniques, Proudhon développe dans son étude sur le *Travail* [1] une philosophie de l'action qui s'achève en une apologie de l'outil. Ce qui n'était dans la *Création de l'ordre* qu'un aperçu jeté en passant devient ici une théorie centrale. La pure spéculation est systématiquement rabaissée devant la « spontanéité travailleuse », et l'intellectuel devant l'industriel. La franc-maçonnerie est louée d'honorer avant tout *l'Architecte* du monde, et de proposer le triangle ou l'équerre à la méditation des hommes. Les premiers engins de l'industrie, *éléments du travail,* sont présentés aussi comme les véritables *éléments du savoir.* Levier et marteau, hache et scie, pie et pelle, autant d'instruments analytiques ; par leur entremise, la pensée se fait signe à elle-même, et rompant pour le rétablir l'équilibre des choses, dégage leurs rapports en même temps que ses propres catégories. De ces réflexions, Proudhon déduit un programme pédagogique nouveau, qui permettrait à l'apprenti, en lui faisant faire le tour des arts, de s'élever à la philosophie par la réflexion sur le travail [2]. Et il résume sa pensée dans cette thèse où il soude aussi étroitement que possible la théorie et la pratique : « L'idée, avec ses catégories, naît de l'action et doit revenir à l'action, à peine de déchéance pour l'agent [3]. »

À n'en pas douter, on reconnaît là plus d'un thème repris ou retrouvé par ceux qui mènent campagne, de nos jours, contre la tradition intellectualiste. Et, de fait, quelques-uns d'entre eux semblent avoir récemment découvert en Proudhon un de leurs ancêtres ; ils se plaisent à se réclamer de son autorité.

Il importe donc de faire observer que, malgré les formules que nous venons de citer, et malgré tant de remarques que le pragmatisme peut mettre à profit, nul esprit n'est peut-être plus éloigné que celui de Proudhon des tendances que le pragmatisme synthétise [4]. L'espèce de scepticisme empirique qui en est l'âme eût fait

---

1 *Justice, 6e Étude.*
2 On trouvera dans le Bulletin de *l'Union pour la vérité (Correspondance* du 1er octobre 1911), sur *l'Éducation et le Métier,* une intéressante discussion commencée par M. Guy Grand, qui prend son point de départ dans les textes de Proudhon auxquels nous faisons allusion.
3 *Justice, 6e Étude,* p. 78.
4 C'est l'un des traits bien mis en lumière par M. Pirou, dans la thèse que nous

horreur aussi bien à l'auteur de la *Justice* qu'à l'auteur de la *Création de l'ordre*. L'idée que les convictions ne sont que les servantes de l'action, et se plient docilement dans tous les sens aux convenances pratiques, eût blessé ce convaincu. Ce philosophe resté peuple, et qui voulait penser pour le peuple, ne pouvait abandonner l'espoir de fonder la justice sur la vérité. Nous avons saisi ce dogmatisme à l'origine de l'anarchisme particulier qui est le sien. Jusqu'au bout Proudhon reste persuadé qu'une *science* de la morale est nécessaire et possible.

Une science philosophique, et non pas seulement une science historique de la morale. Elle ne portera pas seulement sur des phénomènes variables, elle dégagera des rapports constants. Certes Proudhon accorde un grand prix à l'étude comparative des manifestations de la conscience. Et le programme de recherches qu'il esquisse, à ce propos, fait pressentir par plus d'un trait celui qu'on s'efforce de réaliser de nos jours en constituant la *science des mœurs* [1]. Mais Proudhon persiste à vouloir, par ces sentiers, revenir aux sommets : il persiste à vouloir retrouver, par l'intermédiaire de la science des mœurs, les lois naturelles, les conditions universelles de l'équilibre social. Par l'autorité de ces lois, il entend bien justifier les aspirations logiques du peuple.

L'égalité vers laquelle celui-ci tend avec obstination n'est-elle pas voulue, à y bien regarder, par la nature elle-même ? Par l'usage qu'elle fait, à tous ses étages, de la loi d'équilibre, la nature ne nous prévient-elle pas que nous devons, si nous voulons aboutir enfin à la stabilité, soumettre à une juste balance les forces économiques, c'est-à-dire, en dernière analyse, organiser l'équité des échanges [2] ? Par où l'on voit que son rêve d'une sorte de mathématique morale, capable de fixer les conditions de la justice, n'a pas tout à fait cessé d'obséder le cerveau de Proudhon. Seulement il semble bien que lorsqu'il précise ce rêve, il songe désormais à ces combinaisons financières que ses expériences de comptable lui ont suggérées. Son mutuellisme est une lointaine application de lois éternelles, -

avons citée : *Proudhonisme et Syndicalisme révolutionnaire*, p. 325.
1 Voir en particulier la *1re Étude*, p. 100 : « Je ne dogmatise pas ; j'observe, je décris, je compare. Je ne vais point chercher les formules du droit dans les sondages fantastiques d'une psychologie illusoire ; je les demande aux manifestations positives de l'humanité. »
2 *Justice*, 3e Étude, p. 76 et suiv. ; 1re Étude, p. 365.

Célestin Bouglé

celles-là mêmes qui président aux rapports des idées dont la raison publique, pour instituer une société harmonieuse, doit prendre enfin une claire conscience.

Qu'on ne se laisse donc pas égarer par telles formules qu'emploie Proudhon. Oui, l'action est à ses yeux une nécessaire épreuve. Mais il appartient à l'action de découvrir plutôt que d'inventer. Son effort retrouve une vérité préexistante. En aucune manière, il ne saurait la créer. Le roc gît sous le sable. Dans ses flux et reflux, la mer met le roc à nu. Il n'est pas pour autant un dépôt de la mer.

Si telle reste la conception de Proudhon, on voit en quel sens il continue, jusque dans sa doctrine de l'immanence morale, de mériter le nom d'idéaliste. Il en veut aux divers avatars de l'absolu, dont le prestige échauffe l'imagination des hommes pour les mieux aveugler. Mais sous la forme de rapports constants, préfixant les conditions de l'équilibre auquel, en tâtonnant, l'humanité aspire, il persiste à affirmer qu'il existe des *Idées*.

*
* *

S'il est une de ses tendances premières dont ses préoccupations de moraliste l'amènent à se dégager, ce serait plutôt celle que nous avons appelée sa tendance évolutionniste. Proudhon, nous l'avons observé, commence par avoir un sentiment assez vif des phases logiques du progrès humain. Il reconnaît avec plaisir, dans la dialectique à trois temps de Hegel, la formule d'un rythme qui hantait sa propre pensée. Il incline ainsi vers une sorte de déterminisme historique qui fait pressentir celui de Marx [1].

Dans la *Justice*, Proudhon réagit, semble-t-il, contre ce penchant. Préoccupé de mettre en relief la liberté de l'homme, sujet du droit, il proteste contre les théories « physiologico-politiques », quelque forme qu'elles prennent, qui présentent le progrès, comme quelque chose de fatal [2]. Démontrer ainsi le progrès, n'est-ce pas le nier en même temps qu'on l'affirme ? Entre l'idée d'un développement quasi-automatique et celle du progrès humain une contradiction se révèle. Proudhon y insiste avec une énergie dans l'anti-évolutionnisme qui fait penser à celle de Renouvier lui-même. Et, sur cet argument, il fait trébucher la doctrine saint-simonienne, aussi

1 Voir plus haut, p. 67.
2 *Justice*, 9e Étude, p. 18.

110

bien que la dialectique hégélienne. Au vrai, on ne peut parler de progrès selon lui, que lorsqu'on voit la justice étendre son empire : elle l'étend par la multiplication des contrats entre libertés qui conviennent de se respecter l'une l'autre. « La justice est le pacte de la liberté... Son mouvement consiste en une suite de transactions successivement produites ou révoquées, entre un nombre plus ou moins grand de personnes et relativement à un plus ou moins grand nombre d'objets [1]. » Mais un pareil mouvement ne saurait rien avoir de nécessaire [2]. Il est « ad *libitum,* entièrement facultatif, pouvant au gré du libre arbitre se précipiter, se ralentir, s'interrompre, rétrograder, renaître ». La liberté qu'invoque Proudhon n'est donc pas, comme celle dont Hegel se contente, la conscience d'une nécessité logique supérieure. C'est une liberté efficiente. De toute la « puissance d'idéalisme » dont elle dispose, elle peut auréoler le droit pour y faire adhérer l'âme entière. Elle peut aussi multiplier sur le chemin des hommes, pour les égarer ou les retarder, toutes sortes d'illusions, religieuses ou politiques. Elle est capacité de déviation aussi bien que d'accélération. À combien de chutes sont exposées les sociétés, avant qu'elles découvrent enfin les conditions de l'équilibre ? Rien ne permet de le fixer a priori : c'est le mystère de la liberté.

Il est remarquable qu'en élaborant cette notion, qui l'amène à limiter certaines des tendances de sa première philosophie de l'histoire [3], Proudhon reste fidèle à ses préoccupations sociologiques. Du moins c'est encore par sa « métaphysique du groupe », comme il dira, c'est par ses idées sur les effets propres à l'association des forces qu'il explique cette puissance d'indétermination dont jouit l'homme. Plongé comme à mi-corps au sein de la nature, l'homme est capable de se redresser au-dessus d'elle, parce que tous les éléments et toutes les tendances qu'elle contient à l'état de division se, réunissent pour s'amalgamer en quelque sorte en lui. De cette synthèse quelque chose de nouveau se dégage. Ce qui revient à

1 *Justice,* 9e Étude, p. 18.
2 *9e Étude,* p. 36.
3 C'est sur cette tendance *à la défatalisation* (le mot est de Proudhon) qu'insiste Henry Michel dans *l'Idée de l'État,* p. 411. Montrant comment Renouvier se rattache à Proudhon, il ajoute que celui-ci « a légué des armes très précieuses à ses successeurs, pour s'affranchir de la superstition naturaliste et nécessitaire ». Cette interprétation ne correspond, comme nous nous efforçons de l'établir, qu'à l'un des aspects, ou des moments de l'œuvre proudhonienne.

Célestin Bouglé

dire que l'homme est une liberté parce qu'il est une société [1]. Par ce trait, la théorie proudhonienne de la liberté et de la dignité humaine se distingue de celle des spiritualistes dont on l'a quelquefois rapprochée. L'idée qu'il se fait des « forces de collectivité » assigne à Proudhon, sur ce terrain aussi, une place à part entre les naturalistes et les spiritualistes.

D'ailleurs, ce n'est pas seulement à la racine de la liberté, c'est aussi bien à la racine de l'obligation morale que nous retrouverons ces mêmes forces. « Le fait moral est essentiellement un fait social » : Proudhon sans doute n'eût pas répudié cette formule. Plusieurs de celles qu'il emploie laissent apercevoir chez lui le souci d'expliquer, par l'existence de la collectivité et de ses besoins propres, l'existence des scrupules que l'individu rencontre dans son âme, et qui l'empêchent de se poser comme centre de l'univers.

Le danger de la prédication de la dignité, c'est l'orgueil personnel. « La dignité chez l'homme est une qualité hautaine, absolue, impatiente de toute dépendance et de toute loi, tendant à la domination des autres et à l'absorption du monde [2]. » Pour nous défendre de ces tentations, il n'est pas inutile de nous « immerger dans la société ». Ce même respect qu'il réclame pour son moi, il importe que l'homme n'oublie pas de l'accorder au moi de ses semblables. Il importe qu'il soit prêt à prendre en toute circonstance, « sans retour d'égoïsme », au besoin contre lui-même, la défense de la dignité humaine : c'est précisément en cela que consiste la justice. Mais le bon moyen de ne pas méconnaître ses exigences et de créer cette foi *juridique* [3] qui, élevant les âmes au-dessus des appétits égoïstes, les rende plus heureuses du respect du droit d'autrui que de leur propre fortune, n'est-il pas de se placer au point de vue du tout ? Par la justice, explique Proudhon, chacun de nous se sent à la fois « comme personne et collectivité [4] ». Sans la justice, « la société deviendrait une mêlée ». Qu'est-ce à dire, sinon que la loi de jus-

---

1 *Justice*, 8e Étude, p. 99, 102 ; 12e Étude, p. 102.
2 *Justice*, 1re Étude, p. 119, 7e Étude, p. 20 et suiv.
3 *1re Étude*, p. 73.
4 *1re Étude*, p. 216. Cf. p. 141 : « Ce n'est que par abstraction que l'homme peut être considéré à l'état d'isolement et sans autre loi que l'égoïsme. Partie intégrante d'une existence collective, l'homme sent sa dignité tout à la fois en lui-même et en autrui, et porte ainsi dans son cœur le principe d'une moralité supérieure à son individu ».

Chapitre VI

tice exprime aussi la condition primordiale de l'équilibre collectif ? Proudhon l'écrivait d'ailleurs, dans une lettre à Cournot [1], avec toute la fermeté désirable : « La morale, c'est une révélation que la société, le collectif, fait à l'homme, à l'individu. Impossible de déduire la morale, ni de l'hygiène, ni de l'économie, ni de la métaphysique ou théodicée, comme l'ont fait successivement les matérialistes, les utilitaires, les chrétiens dogmatistes, tels que Bossuet, etc. La morale tient à autre chose. Cette autre chose, que les uns nomment conscience, les autres raison pratique, etc., est pour moi *l'Essence sociale,* l'être collectif qui nous contient et nous pénètre, et qui, par son influence, sa révélation, achève la constitution de notre âme. »

*

* *

Gardons-nous, toutefois, d'abuser de ces formules. Il est clair qu'on ne saurait, sans faire violence à quelques-uns des sentiments les plus profonds chez lui, assimiler la doctrine de Proudhon à celles qui, tendant à absorber l'individu dans la collectivité, ne reconnaissent d'intérêts légitimes que ceux du groupe social, principe et mesure de toute dignité. Il résume fort nettement l'esprit de ces doctrines, mais pour y opposer la sienne. Refuser à l'individu l'existence juridique, ne lui conférer que des devoirs, qu'on rattacherait à une puissance supérieure et extérieure, écrasante pour son moi, ce sont là des tentatives qui inquiètent et blessent Proudhon. Sur ce point encore, il se sépare décidément de Comte. Il ne veut à aucun prix que, devant un grand Être, quelque forme et quelque nom qu'on lui donne, la personnalité abdique [2].

Au vrai, pour comprendre la position de Proudhon, il faut se rappeler qu'ici encore il s'arrête à une position intermédiaire. Il retrouve dans le champ clos de la morale les deux ennemis entre lesquels, - au temps où il faisait ses premières armes d'économiste -, il s'était glissé : communisme et individualisme. Il repousse avec une égale énergie les deux postulats extrêmes qui leur sont propres. Annihilant l'individu, le communisme ne fait rien que proclamer la déchéance de la personnalité au nom de la société. Contre ce principe, admis consciemment ou non par tant de socialistes de

1 Du 31 août 1853 (*Correspondance*, t. VII, p. 370).
2 *Justice*, 1re Étude, p. 190.

Célestin Bouglé

son temps, Proudhon s'élève avec énergie : il y dénonce un dernier héritage de l'illusion religieuse, mère de l'esprit autoritaire. Ce n'est pas à dire pour autant qu'il abonde dans « l'utopie des libertaires ». Ceux qui, posant les individus les uns en face des autres, se bornent à dire : « laissez faire, laissez passer il n'y a que l'autorité qui soit malfaisante - les intérêts humains, identiques au fond, sauront bien s'accorder d'eux-mêmes », ceux-là oublient que les maux provoqués par l'inégalité économique demandent, pour être pansés, réparés, prévenus, un rude et constant effort des libertés associées, une commune et supérieure volonté de justice [1]. À cette condition seulement peut exister une société digne de ce nom. Au fond, communisme et individualisme nient la société l'un et l'autre : le premier, parce qu'il fait de la cité un troupeau ; le second, parce qu'il en fait une poussière d'atomes « sans rien d'organique, sans force de collectivité [2] ».

Par où l'on voit en quels termes, pour Proudhon, le problème reste posé. Il s'agit de faire exister la société, mais en lui enlevant tout ce qui pourrait la rendre oppressive, ou seulement absorbante. Il s'agit de lui prêter une réalité telle que les forces de collectivité y fonctionnent, mais sans nier les libertés individuelles, et en leur permettant, au contraire, de défendre la justice par leurs initiatives combinées. La société pourra dès lors soutenir et contenir les personnalités de la meilleure manière : en s'appuyant sur leurs libertés rapprochées en de justes contrats.

Pour comprendre ce nouveau mystère, il nous faut essayer d'établir comment se précise dans la pensée de notre auteur, à la phase où nous sommes parvenus, la notion des êtres sociaux et celle de la raison collective.

---

1 *Justice, 1re Étude*, p. 117.
2 *Ibid.*, p. 119, 121.

Chapitre VII
FAMILLE, ÉTAT, FÉDÉRATION

On distingue quelquefois, en philosophie sociale, deux grandes écoles qui se font antithèse. L'une repousse énergiquement toute représentation « artificialiste » de la réalité sociale. Elle n'admet pas que les sociétés puissent être, en quelque mesure que ce soit, œuvres délibérées des individus. Bien plutôt rapproche-t-elle les êtres collectifs des êtres vivants : dans ceux-là comme dans ceux-ci, elle voit au travail un principe d'organisation et d'évolution spontanée. L'institution centrale, aux yeux de cette école, est la famille, transition désignée de l'ordre naturel à l'ordre social. C'est à l'image de la famille qu'elle conçoit, ou sur son modèle qu'elle voudrait voir s'organiser la nation et l'État.

L'école opposée se plaît, au contraire, à nous faire mesurer la distance qui sépare les organismes des sociétés : l'arrangement de celles-ci implique des interventions réfléchies qui ne font que se multiplier. En tous cas, entre les groupements domestiques, - formations plus ou moins spontanées, et les groupements politiques, cette école maintiendrait des différences essentielles. En ceux-ci, elle signalerait la place que, sous une forme ou une autre, se sont réservée ou se sont conquise les contrats, produits et symboles des libertés égales dont la collaboration volontaire entretient, en redressant au besoin ses penchants, la vie de l'ensemble.

La première école mériterait d'être appelée naturaliste, et ses tendances pratiques seraient conservatrices. Les principes de la seconde, rationaliste, se prêteraient mieux aux réorganisations conscientes, aux révolutions sociales.

Pourrons-nous, par rapport à ces deux pôles classiques, définir la position propre à Proudhon ? Ou encore, de ces deux tendances qu'on oppose d'ordinaire à sa façon une synthèse ?

Pour en décider, il ne sera pas inutile de confronter, avec les réflexions de Proudhon sur les conditions de la vie morale, celles que lui suggèrent les problèmes de la politique nationale et internationale qui se posent sous ses yeux. Nous serons ainsi amenés à préciser ce qu'il pense de la famille, de l'État, de la nation. Ce sera la meilleure manière de mesurer, en ce qui concerne la réalité des êtres sociaux et la nature de la raison collective, l'originalité de ses théories.

*

* *

Si l'importance attachée au groupement domestique devait suffire pour assurer à une philosophie sociale le titre de naturaliste ou de traditionnaliste, celle de Proudhon mériterait assurément ce titre. Ses instincts profonds le préparent à comprendre le prix de la vie domestique. Plus que personne, il en a le goût et comme le culte. Quand il se mariera, moins par entraînement amoureux, laisse-t-il entendre, que pour fonder une famille, il portera les lourdes charges du ménage avec une sorte de ferveur allègre. Si cet esprit anti-religieux conserve une religion, c'est bien celle du foyer. Nous avons vu avec quelle énergie il se sépare des saint-simoniens et des fouriéristes ; plus encore que leur mysticisme ou leur illuminisme, leur commune impudeur le choque et l'alarme. Aussi passion-nément qu'un Louis Raybaud il reproche aux « réformateurs », - préoccupés qu'ils sont d'assurer la liberté à toutes les passions ou de réserver à leurs papes de singuliers privilèges -, l'atteinte qu'ils portent à la dignité du lien conjugal. Avec joie, il note sur sa Bible familière, pour en tirer toutes leurs conséquences, les préceptes du Décalogue touchant les « chastes et saintes amours [1] ». Tout ce qui paraît menacer, directement ou indirectement, l'intégrité du grou-pement domestique lui fait froncer le sourcil.

Ainsi s'explique les défiances que lui inspirent les partisans de l'indépendance féminine. Avec toute sa verve et toute sa convic-tion, il part en guerre contre ce qu'il appelle rudement la *Pornocra-tie* [2]. « La femme au foyer », c'est sa devise comme celle d'Auguste Comte. Sur le chapitre de l'unité familiale, ces deux penseurs de-meurent aussi intransigeants l'un que l'autre [3]. Tous deux convain-cus, semble-t-il, que si la moindre fissure s'ouvre dans le groupe-ment domestique, tout l'édifice social est ébranlé. En ce sens, il est

---

1 Note relevée par D. Halévy, dans un article de la revue *l'Indépendance,* 1ᵉʳ juillet 1911, p. 347 *(Biblia Proudhoniana).*
2 *La Pornocratie ou les Femmes dans les temps modernes,* ouvrage posthume.
3 Proudhon note lui-même cet accord, *Justice, 11e Étude,* p. 161. Voir ce que dit M. G. Guy Grand *(le Procès de la Démocratie,* p. 73) de la conception « rigoureu-sement catholique et positiviste » de la famille et du mariage à laquelle se tient Proudhon.

permis de dire qu'ils continuent l'un et l'autre la tradition de ces théocrates qui sur plus d'un point - on l'a justement noté - préparaient les voies à la sociologie : Proudhon, comme Auguste Comte, ne garde-t-il pas, dans sa religion de la famille, quelque chose de l'héritage d'un Bonald ?

Mais il va de soi qu'on se ménagerait de graves désillusions, si l'on s'attendait à voir Proudhon tirer, de l'éminente dignité du groupe domestique, les conséquences qu'en tirent d'ordinaire les traditionnalistes. Pense-t-on qu'il va lui aussi déclarer que, sur la famille, la société tout entière devrait se modeler, acceptant une autorité analogue à celle dont jouit le père, développant entre ses membres des sentiments analogues à ceux qui unissent les frères, faisant disparaître enfin, par la double vertu de la fusion des cœurs et de la subordination des volontés, toute trace d'individualisme ?

On devine que de pareilles perspectives ne devaient pas séduire longtemps un Proudhon. Un moment, il n'a pu s'empêcher d'admirer les effets qu'on obtient lorsqu'on étend systématiquement à la vie politique le régime familial. Ne loue-t-il pas Moïse, dans la *Célébration du Dimanche* [1], d'avoir accompli par ce procédé une incomparable fusion des intelligences et des cœurs, et d'avoir fait ainsi de sa jeune nation, « non pas une agglomération d'individus, mais une société vraiment fraternelle » ? Il oppose alors les sociétés de cette sorte, qui sont des communions véritables, à celles qui ne reposeraient que sur des contrats, garanties fragiles, lois tout arbitraires dont rêve un Rousseau. Mais bien vite il sent le danger d'assimiler l'État à la famille. Dès la *Création de l'ordre* [2], il s'aperçoit que « tout le progrès accompli par la civilisation proteste » contre cette assimilation : « l'unité sérielle » qui engendre la société politique doit être cherchée, non dans le foyer, mais dans l'atelier : car dans l'atelier les hommes se trouvent incités, par les conditions mêmes de la division du travail, à s'individualiser chaque jour davantage.

Comment, d'ailleurs, Proudhon n'eût-il pas été amené à protester contre l'extension du régime familial à la vie politique ? De plus en plus il sent le besoin de jeter bas le préjugé de l'autorité. Or c'est dans les mœurs de la famille que ce préjugé a pris racine. L'idée

---

1 P. 128.
2 P. 97, 134.

Célestin Bouglé

gouvernementale naît de l'expérience domestique. En ce sens, Proudhon convient avec Bonald que la famille est l'embryon de l'État [1]. Mais la conclusion qu'il en tire est que, si l'on veut régénérer celui-ci, - le régénérer en simplifiant ses attributions et en limitant ses pouvoirs -, une mesure s'impose, qui est de couper tous liens entre lui et la famille. Ce qu'il reproche au socialisme gouvernemental d'un Louis Blanc, par exemple, c'est précisément de n'être autre chose qu'une maladroite application à la société de l'économie domestique [2]. Et dans la *Justice*, pour dévoiler le néant de la doctrine politique de l'Église, il lui suffit de rappeler qu'elle postule « que le principe de hiérarchie et d'autorité doit embrasser la société tout entière, à l'instar d'une grande famille », ce qui revient à préférer, pour le plus grand dommage des classes inférieures, le système de la subordination à celui de la réciprocité [3].

Par où l'on voit combien il importe de spécifier la position de Proudhon au milieu des apologistes de la famille. Il faut se rendre compte de la nature spéciale des services qu'il attend d'elle. Il ne la louera point pour sa part d'être le berceau de l'autorité, ni même d'être une école de fraternité. Il espère qu'elle pourra servir d'organe à la justice même : c'est-à-dire qu'il lui appartiendra de façonner les consciences fermes qui seront les servantes de l'égalité sociale.

La moralité, pour pénétrer dans la vie, ne doit point demeurer à l'état d'idée pure. Mais, pour que l'idée devienne active, le concours du sentiment apparaît nécessaire. Si sévère en principe pour l'idéalisme, qui permet toutes sortes de déviations de la vie morale, Proudhon ne méconnaît pas que la justice elle-même, une fois déterminée par la raison, a besoin du renfort qu'une éducation sentimentale lui apporte [4]. Or le mariage a précisément pour rôle de faciliter cette éducation. À l'amour conjugal il est réservé de mettre la force de l'idéal au service du droit. Proudhon retient, pour y

---

1 *Idée générale de la Révolution*, p. 109.
2 *Justice, 3e Étude*, p. 81 : « *La* famille est la sphère de l'autorité et de la subordination ; et quand le communisme sera logique, il reconnaîtra qu'en prenant dans la famille le type de la société, il aboutit au despotisme ».
3 *Ibid.*, p. 7.
4 C'est ce qui explique l'aide que Proudhon moraliste demande aux sentiments esthétiques, dans l'ouvrage qu'il écrit pour défendre son compatriote Courbet : Du *Principe de l'art et de sa destination sociale* (livre posthume).

glisser un contenu nouveau, cette notion de l'Androgyne imaginée par Platon et reprise par Enfantin : le couple humain devient à ses yeux comme l'organe vivant dont la justice avait besoin. Dans le couple, en même temps que les « moi » se complètent, leurs absolutismes se corrigent. Qui dit célibataire dit bientôt « insociable », « intraitable », « inabordable ». Que les liens familiaux viennent à se rompre : c'est alors qu'on verrait éclater avec une violence indomptable les contradictions entre l'individu et la société. Au contraire l'esprit de famille prépare les voies à l'esprit civique. Ce petit groupe, que le citoyen doit soutenir, à son tour le soutient, le contient, exalte sa fierté, refrène son orgueil. Il apprend à respecter, dans la femme qu'il aime, une individualité différente de la sienne ; et en même temps qu'il garde sur elle la suprématie que lui assure la naturelle supériorité de ses forces, tant intellectuelles que matérielles, il la tient pour un juge devant lequel il rougirait d'être tenté par l'injustice. « La femme est un auxiliaire pour l'homme, parce qu'en lui montrant l'idéalité de son être elle devient pour lui un principe d'animation, une grâce de force, de prudence, de justice, de patience, de courage, de sainteté, d'espérance, de consolation, sans laquelle il serait incapable de soutenir le fardeau de la vie, de garder sa dignité, de remplir sa destinée, de se supporter lui-même [1]. » Sur ce chapitre, Proudhon est intarissable. Il célèbre sans se lasser les litanies de la femme, qui, précisément parce qu'elle demeure au foyer, devient la plus vigilante gardienne du droit même. Il va jusqu'à assurer que l'homme tient à la société par la femme, « ni plus ni moins que l'enfant tient à la mère par le cordon ombilical [2] ».

Mais que cette image ne nous abuse pas. Proudhon ne va nullement conclure, de ses remarques sur la puissance moralisatrice du mariage, que la cité ne doit être qu'une famille agrandie où, par les abdications des prétentions personnelles, les « moi » se rapprochent jusqu'à se fondre en quelque sorte les uns dans les autres. La moralité que forme le mariage même est encore une moralité personnaliste, une moralité d'égaux. Le père de famille vertueux n'est nullement disposé, comme producteur, à sacrifier ses intérêts, ni, a fortiori, comme citoyen, à laisser prescrire ses droits. De-

---

1 *Justice*, 11e Étude, p. 107. Cf. *Pornocratie*, p. 64.
2 *Justice*, 11e Étude, p. 92.

Célestin Bouglé

bout sur le seuil de sa maison, il est prêt à respecter l'individualité des autres à la condition qu'ils respectent la sienne. En d'autres termes, la conscience que la vie de famille a façonnée est d'abord une conscience autonome. La loi supérieure devant laquelle le père de famille citoyen doit se plier est celle qui rend fructueuse en la rendant loyale, l'opposition des « moi », mais non pas celle qui la rendrait inutile ou la décréterait illégitime.

*
* *

À quel point Proudhon juge nécessaire cette perpétuelle confrontation des individualités, on s'en rendra compte si l'on se rappelle la singulière théorie par laquelle il précise - dans le même livre où il célèbre les vertus de l'Androgyne - l'idée qu'il se fait de la raison collective, « gardienne de toute vérité et de toute justice ». Imagine-t-on que celle-ci demande, pour révéler sa loi, le silence préalable des raisons personnelles ? Tout au contraire : que chacune d'elles formule librement son idée, émette nettement ses prétentions. De l'antagonisme des ambitions se dégagent des règles qui reposent sur les rapports des choses. « L'impersonnalité de la raison publique suppose, pour principe, la plus grande contradiction, pour organe, la plus grande multiplicité possible [1]. »

Proudhon retrouve ici l'une des idées qui lui sont le plus chères : l'idée de *la balance,* par laquelle on oppose les forces pour découvrir les conditions de leur équilibre. Chaque moi humain est une ambition insatiable, il vise à l'absolu. Pour corriger cette « exorbitance » il n'est rien tel que de mettre l'homme en face de l'homme, de balancer le moi par le moi. Dès lors, les absolutismes individuels se neutralisent. Il s'opère une sorte de « ventilation des idées ». Des vérités apparaissent qui définissent les rapports justes, et dont le système est comme l'ossature de la raison publique. « Lorsque deux ou plusieurs hommes sont appelés à se prononcer contradictoirement sur une question, soit de l'ordre naturel, soit et à plus forte raison de l'ordre humain, il résulte de l'élimination qu'ils sont conduits à faire réciproquement et respectivement de leur subjectivité, c'est-à-dire de l'absolu que le moi affirme et qu'il représente, une manière de voir commune qui ne ressemble plus du tout, ni pour le fond, ni pour la forme à ce qu'aurait été, sans ce débat,

---

1 *Justice*, 7e Étude, p. 134.

leur façon de penser individuelle. Cette manière de voir, dans laquelle il n'entre que des rapports purs, sans mélange d'élément métaphysique ou absolutiste, constitue la raison collective ou raison publique [1]. » Nul besoin donc de la concevoir comme une entité métaphysique à part, un logos antérieur ou supérieur : elle est la résultante de toutes les raisons ou idées particulières dont les inégalités, provenant de la conception de l'absolu et de son affirmation égoïste, se compensent par leur critique réciproque et s'annulent [2].

N'a-t-on pas le droit, en voyant se développer cette théorie, de dire que Proudhon, s'il nous semblait naguère parler comme un disciple de Bonald, parle maintenant comme un émule de Rousseau ? Rousseau aussi considère la volonté générale comme autre chose qu'une sorte de total des volontés particulières. Et lui aussi admet que, pour permettre la formation de cette volonté générale, qui ne sera autre que la volonté de l'égalité, une sorte de neutralisation réciproque des volontés particulières doit s'opérer, grâce à laquelle « les plus et les moins s'entre-détruisent ». Il importe seulement de remarquer que Proudhon plus que Rousseau insiste sur la nécessité des débats préalables. La discussion quotidienne est à ses yeux l'indispensable appariteur de la justice. « Afin d'assurer la paix, tenir les énergies sociales en lutte perpétuelle [3] », c'est la solution paradoxale où il se complaît. Pour que la pensée impersonnelle puisse se poser, il importe toujours aux yeux de Proudhon que les personnalités continuent de s'opposer.

Cette tendance nous laisse en tout cas prévoir de quel côté Proudhon va finalement pencher. L'apologiste de la discussion universelle et incessante ne pourra manquer de ressentir plus de sympathie, en dernière analyse, pour le rationalisme que pour le naturalisme social. Logiquement, dans l'organisation de l'État, il s'efforcera d'assurer une place croissante aux contrats, sortes de traités que passent entre elles ces libertés individuelles qu'il imagine toujours affrontées. En ce sens, c'est dans la tradition « contractualiste » que viendra s'insérer sa philosophie : plus près de celle de Rousseau, en effet, que de celle de Bonald.

Rousseau n'a pas ou de pire détracteur que Proudhon. L'auteur

---

1 *Justice*, 7e étude, p. 123.
2 *Ibid.*, p. 136.
3 *Justice*, 7e étude, p. 129.

Célestin Bouglé

de *l'Idée générale de la révolution au XIXe siècle* [1] se montre au moins aussi sévère, pour le dialecticien genevois, que l'ont pu être les théocrates. En particulier il s'acharne, pour la jeter bas, sur la construction du *Contrat* social, dangereuse fiction qui ne tendrait à rien moins qu'à l'annihilation de toute liberté. On a souvent rappelé et utilisé ses arguments. Mais souvent aussi on a omis de noter que la sévérité de Proudhon pour Rousseau est moins celle d'un contradicteur obstiné que celle d'un continuateur intransigeant. Proudhon veut aller plus loin que Rousseau, dans le même sens. Son objet dernier est bien d'établir, dans la vie sociale, le règne effectif du contrat [2].

À vrai dire, tant qu'il s'agit de la genèse de l'État, Proudhon, aussi bien que Maistre ou Bonald, proteste contre ceux qui semblent le présenter comme une chose artificielle. Le pouvoir social ne sort jamais, selon lui, d'une délibération des individus : il naît spontanément du rapprochement des groupes. Familles ou entreprises, lorsque des associations élémentaires, différentes de nature et d'objet, formées chacune pour l'exercice d'une fonction spéciale et la création d'un produit particulier, entrent en relations, les forces collectives qui se dégagent de ces associations se concentrent en quelque sorte en un pouvoir nouveau, qui préside à leur vie commune. La qualité du pouvoir en question varie, son autorité s'élève et s'abaisse selon le nombre et la diversité de ces « groupes formateurs », - preuve qu'il n'est pas autre chose, en effet, que leur commune émanation.

Jusqu'ici les vues de Proudhon semblent mieux s'accorder avec une philosophie organiciste qu'avec une philosophie contractualise. Ne va-t-il pas jusqu'à louer le mysticisme religieux d'avoir entretenu chez les peuples ce sentiment qu'un État n'est pas un objet qu'on fabrique [3] ? Mais si l'État est un composé qui se forme spontanément, une sorte d'organisme, si l'on veut, plutôt qu'un objet, ce doit être du moins un organisme qu'on redresse, et dont on puisse, à partir d'un certain moment, corriger les tendances. La force collective qui se constitue par le seul rapprochement des groupes

1 P. 124 et suiv.

2 M. Gino Dallari, dans un livre récent (Il *nuovo contrattualismo nella filosofia sociale e juridica*, Turin, 1911) a mis en lumière ce que le nouveau contractualisme doit à l'inspiration proudhonienne.

3 Voir le *Petit catéchisme politique* à la fin de la 4e *Étude de la Justice*.

Chapitre VII

qu'elle doit aider à vivre ensemble ne risque-t-elle pas d'être détournée de son office, accaparée par une caste, aliénée enfin d'une façon ou d'une autre ? Contre de pareilles aliénations, que le mysticisme religieux favorise, il importe que la raison libératrice et égalitaire prenne méthodiquement ses mesures.

De fait, bien loin de la honnir, Proudhon se réjouit de son intervention. Dans cette philosophie du XVIIIe siècle où les théocrates ne voyaient qu'une manifestation d'orgueil individualiste, il se plaît à montrer la raison des masses qui se fait jour, et, réformant les puissances de la terre sans s'informer du ciel, demande enfin aux gouvernements leurs titres [1]. Pour lui, les constitutions que le XIXe siècle multiplie, - et qui ne pouvaient être aux yeux d'un Joseph de Maistre comme d'un Savigny qu'autant de papier noirci, sans intérêt ni influence, - marquent une ère nouvelle qu'il salue avec enthousiasme : celle où l'organisation des nations devient enfin consciente. Il loue les traités de 1815, non seulement de l'équilibre qu'ils instituent entre les puissances, mais encore et surtout des garanties constitutionnelles qu'ils promettent aux peuples [2]. Grâce à ces conquêtes de la réflexion sur la spontanéité un « rationalisme gouvernemental » va pouvoir se constituer. Au fur et à mesure que les méthodes de l'autorité reculent devant celles de la liberté, une vie nouvelle s'élabore, où la physiologie n'est plus de rien. L'État apparaît comme le produit non plus de la nature organique, de la chair, mais de la nature intelligible, qui est esprit [3]. Dès lors, si l'on veut dire que les sociétés sont des organismes encore, qu'il soit bien entendu que ce sont des organismes d'un genre tout spécial, des êtres moraux, dont la loi diffère essentiellement de celle des êtres vivants. Chez ceux-ci, la subordination est la condition même de l'existence. La société, au contraire, « répugne à toute idée de hiérarchie [4] ». Bien plutôt qu'une subordination d'organes, le système social comporte la pondération des forces, des services et des produits. Il tend à l'égalité.

Mais, pour que cette tendance aboutisse, et que s'accomplisse

---

1 *Du principe fédératif et de la nécessité de reconstituer le parti de la Révolution*, 1863, p. 261.
2 Si les traités de 1815 ont cessé d'exister. *Actes du futur Congrès*, 1863. Cf. *Principe fédératif*, p. 267.
3 *Principe fédératif*, p. 15.
4 *Justice*, 7e Étude, p. 128.

cette véritable régénération de l'État, une condition est nécessaire. C'est précisément que l'État dépouille ses attributs classiques, qu'il dépose le sceptre et la pourpre impériale ; que le gouvernement proprement dit soit réduit à la portion congrue. Parlons en effet le langage des services et des produits, et non plus celui de l'autorité. La nature intelligible ne peut triompher, l'esprit ne peut réellement dominer l'organisme social que si le souci de l'équilibre économique l'emporte enfin sur celui de l'ordre politique. L'ambition de Proudhon est toujours de nous faire descendre d'un de ces plans à l'autre, du monde des préfets, magistrats et gendarmes à celui des libres comptables. C'est pourquoi il en veut tant à Rousseau, dont l'effort lui paraît contrarier directement ce nécessaire déplacement de point de vue. Rousseau reste obstinément placé au point de vue politique. Il s'imagine avoir tout gagné s'il a établi, par l'abdication simultanée des libertés, un pouvoir devant qui tout plie. Que lui demandez-vous ses prescriptions concernant le travail et les échanges ? Il n'en a cure. Rousseau ne sait ce que c'est que l'économie [1]. Son programme parle exclusivement de droits politiques : il ne s'aperçoit pas que, tant que les droits politiques sont seuls en question, des contrats réels ne peuvent s'instituer pour offrir effectivement, aux libertés en présence, des garanties égales. Son contrat social n'est au fond qu'un contrat constitutif d'arbitres [2], qui incitent les individus à abdiquer entre leurs mains. Mais les seuls contrats dont les libertés individuelles puissent s'accommoder sont les contrats synallagmatiques et commutatifs, par lesquels chacun s'engage et ne s'engage que pour un objet défini, et sous la condition de réciprocité.

De pareils contrats sont précisément comme le pain quotidien de la vie économique. L'idée de contrat exclut celle de *gouvernement*. Elle implique celle de *commerce*. Le commerce, dans sa signification la plus élevée, est « l'acte par lequel l'homme et l'homme, se déclarant essentiellement producteurs, abdiquent l'un à l'égard de l'autre toute prétention au gouvernement [3] ».

Nous retrouvons ici, en train de produire tous ses effets, cette notion de la *société civile* que les saint-simoniens, plus que tous les

---

1 *Idée générale de la Révolution*, p. 122.
2 *Ibid.*, p. 129.
3 *Idée générale de la Révolution*, p. 115.

autres, avaient contribué à élaborer lorsqu'ils opposaient au régime gouvernemental le régime industriel. Proudhon, à son tour, utilise ces cadres, exploite cette antithèse. Et ainsi l'on peut dire qu'un souvenir de la tradition saint-simonienne l'aide à réagir contre les tendances de Rousseau aussi bien que contre celles de Bonald. Il ne veut pas plus de l'autorité à soubassement contractuel que de l'autorité à racine familiale. C'est un contractualisme nouveau, un contractualisme économique qu'il entend fonder : l'avènement du contrat reste, étroitement lié, dans son esprit, à celui du régime industriel.

Mais encore, pour hâter ce règne, quels moyens convient-il d'employer ? En quel sens faut-il incliner l'évolution des institutions sociales ? C'est ici qu'entre l'esprit proudhonien et l'esprit saint-simonien, la différence éclate. Les saint-simoniens sont des admirateurs de l'unité en même temps que des fervents de la hiérarchie. Ils voient un indéniable progrès de l'espèce humaine dans la constitution de larges groupements, qui de plus en plus s'étendent en même temps qu'ils se centralisent. Ils rêvent volontiers d'une association universelle. Ils demeurent, au fond, des esprits « catholiques ». Mais toutes les formes, toutes les survivances du catholicisme répugnent au contraire à Proudhon [1]. Il refuse de s'extasier devant l'unité aussi bien que de s'incliner devant une hiérarchie. Et la constitution de groupements de plus en plus larges, bien loin de le réjouir, l'inquiète. il est persuadé que la liberté ne peut être à l'aise en d'aussi vastes édifices. Fatalement, pour y faire régner l'ordre, l'autorité reprend le dessus. En tous cas ces grandes masses prêtent, l'expérience le prouve, à l'établissement de ces féodalités financières qui ne sont pas les moins dangereuses formes de la puissance.

Le saint-simonisme a pu pactiser avec elles [2], Proudhon n'aurait

1 Nous n'oublions pas pour autant que Proudhon a écrit, dans les discussions sur l'indépendance italienne, qu'il est « catholique par position ». *(La Fédération et l'Unité en Italie,* tome XVI des *Oeuvres complètes,* p. 158.) Mais cette attitude, conforme à ce qu'il croit être les exigences normales de la politique extérieure de la France, n'empêche pas qu'il subsiste, entre l'esprit même du catholicisme et le génie de Proudhon, une incompatibilité essentielle.

2 Voir eu particulier dans *la Fédération et l'Unité en Italie,* p. 183, ce que dit Proudhon des tendances de la « bancocratie judaïco-saint-simonienne ». Plus loin Proudhon placera dans la bouche de l'un de ses critiques ce jugement sur ses propres tendances : « C'est le génie de la division » (p. 204).

Célestin Bouglé

garde. Il accuse la centralisation politique de préparer la concentration industrielle, et toutes les institutions anti-égalitaires qui en découlent naturellement. Pour défendre les producteurs, c'est sur la pratique de la mutualité qu'il compte, plus que sur celle du monopole. Mais les institutions mutuellistes, destinées à transformer l'assurance qu'elles universaliseront, le crédit qu'elles mettront à la portée des plus petites bourses, les services publics qu'elles confieront à des compagnies d'ouvriers solidaires et responsables, ne peuvent prospérer que dans un milieu limité, propice à l'échange surveillé, au contrôle réciproque. Il faut diviser l'humanité si l'on veut que l'inégalité n'y règne pas. Par cette méthode seulement on peut garder l'espoir de substituer, à la féodalité financière, la fédération agricole et industrielle. La solidarité, que Proudhon appelle, - d'un terme qui devait être retrouvé de nos jours, - la solidarité contractuelle, ne peut fleurir qu'à l'intérieur des sociétés « médiocres [1] ». Il appartient à ces petits groupements de mettre en commun leurs ressources en vue de certains objets bien définis, et de passer des conventions pour instituer (le mot prouve qu'ici non plus le fouriérisme n'est pas absent de la pensée de Proudhon) un *garantisme* politico-économique. Mais les groupements fédérés devront résister énergiquement à toute tentative d'absorption. En quoi faisant ils défendent, non pas seulement leur originalité de groupes, mais encore et surtout l'égale liberté des individus qui les composent.

Ce qui revient à dire que les contrats commutatifs, outils et boucliers des libertés égales, ne sauraient conserver leur vertu sous un régime unitaire, quelque forme qu'il puisse revêtir. Entre le fédéralisme et le contractualisme il y a partie liée [2]. C'est sur le système fédéraliste que compte Proudhon pour faire enfin du contrat social une réalité, c'est-à-dire pour substituer, à une convention politique qui demeure une hypothèse, cette multiplicité mobile de pactes effectifs qui est la vie même de l'échange.

*
* *

À suivre ainsi, dans ses allers et retours, la mobile pensée de Proudhon, nous gagnerons peut-être de mieux nous expliquer

1 *Principe fédératif,* p. 58.
2 *Principe fédératif,* p. 47, 121.

Chapitre VII

l'attitude singulière qu'il devait prendre vis-à-vis de l'un des principes qui passionnèrent le plus l'opinion publique au XIXe siècle : le principe des nationalités. On sait avec quelle ardeur les partis démocratiques embrassèrent la cause des nations démembrées par la force, comme la Pologne, ou de celles qui aspiraient à se constituer, comme l'Italie. Les premiers congrès ouvriers ne manquèrent pas de manifester leurs sympathies à l'égard de la Pologne martyre. Et le secours que l'Empereur voulut porter à l'Italie naissante fut une des raisons qui atténuèrent l'hostilité des républicains envers l'Empire.

Mais Proudhon refusa avec obstination de déclarer regrettable la disparition de l'indépendance polonaise, ou désirable la constitution de l'unité italienne. Et à ceux qui lui reprochaient de fouler ainsi aux pieds l'un des principes constitutifs du monde moderne, il répondait : « Qu'est-ce que la nationalité ? La démocratie ne le sait pas au juste. Elle l'apprendra peut-être de ma bouche. »

Proudhon n'eut pas le temps de mener à bien son projet. Nulle part, dans ceux de ses ouvrages qui ont été publiés, le problème qui l'obsédait n'est résolu : nulle part on ne rencontre une définition nette de la nation, ni une discussion en règle de son droit à l'existence.

Du moins est-il possible, en rapprochant des réflexions générales que nous venons de résumer celles que lui inspirent le cas particulier de la Pologne ou celui de l'Italie, de préciser en quel sens et pour quelles raisons Proudhon s'écarte des solutions reçues. Vis-à-vis des défenseurs du principe des nationalités Proudhon emploie deux tactiques. Tantôt il leur demande : « Que vaut une nation qui ne vise pas à organiser la justice entre les individus ? » et tantôt : « Que vaut une unité qui ne respecte pas l'indépendance des groupes ? » La première question s'adresse surtout aux amis de la Pologne, la seconde à ceux de l'Italie.

Que des démocrates, que des ouvriers s'enflamment pour la cause polonaise, Proudhon s'en irrite ; car l'histoire de la Pologne, à ses yeux, est celle des méfaits d'une noblesse incorrigible qui ne s'occupe du travailleur que pour le piller et le knouter. La politique - et la pire des politiques - absorbe toute l'activité des orgueilleux aristocrates entre les mains de qui la Pologne s'est remise. Nulle nation n'a plus négligé les problèmes économiques. C'est pourquoi Proudhon, toujours absorbé par le désir de faire passer ces problèmes au premier plan, n'est pas loin d'estimer qu'elle a mérité son sort. Il juge en tout cas qu'il serait insensé, pour la sauver ou la venger, de déchaîner une conflagration qui retarderait encore une fois l'œuvre de régénération intérieure à laquelle l'Europe doit enfin se vouer [1]. Il laisse voir ainsi que les sympathies ou les antipathies de races le soucient moins que le progrès de l'égalité. Ne se réjouit-il pas de voir les peuples apprendre, par la vertu des mélanges que favorisaient les traités de Vienne, « que la justice comme la religion est au-dessus de la langue, du culte et de la figure ; que ce qui fait la patrie, bien plus que les accidents du sol et la variété des races, c'est le droit [2] ? »

L'argumentation de Proudhon, en ce qui concerne l'Italie, sera moins idéaliste. Il invoquera plus volontiers, contre les partisans de l'unification, les tendances de la tradition et celles de la nature même. Vouloir à toute force transformer en royaume unique le pays classique des cités autonomes, que la multitude de ses vallées indépendantes semble prédestiner à une constitution fédéraliste [3], n'est-ce pas tenter à plaisir une sorte de « dénaturation » ? Aux fervents de la nationalité, Proudhon reproche de ne pas apercevoir que les objets de leur enthousiasme ne sont, le plus souvent, que des constructions politiques, qui écrasent les éléments mêmes qu'elles rapprochent. Pour lui, il défend plus que tout autre l'in-

---

1 Ce passage de la *Correspondance* (t. XI, p. 23. Lettre du 21 avril 1860) explique avec une particulière clarté les sentiments de Proudhon. « Quant à la Pologne, la connaissez-vous donc si mal que vous croyiez à sa résurrection ? La Pologne a été de tout temps la plus corrompue des aristocraties et le plus indiscipliné des États. Aujourd'hui, elle n'a encore à offrir que son catholicisme et sa noblesse, deux belles choses, ma foi ! ... Prêchez-lui la liberté, l'égalité, la philosophie, la révolution économique, à la bonne heure ! Aidez-la à obtenir les libertés constitutionnelles, politiques, civiles, qui sont le caractère de l'époque ; préparez-la par là à une révolution plus radicale, qui fera disparaître avec les grands États toutes ces distinctions, désormais sans fondement, de nationalités. En poussant les Polonais dans cette voie, poussez les Russes, voilà le vrai chemin. Mais ne nous parlez pas de ces reconstitutions de nationalités, qui ne sont, au fond, qu'une rétrogradation, et, dans la forme, un bilboquet à l'aide duquel un parti d'intrigants s'efforce, de compte à demi avec les Tuileries, Cavour, etc., de faire diversion h la révolution sociale. »
2 *Principe fédératif*, p. 279.
3 *La Fédération et l'Unité en Italie (t.* XVI *des Oeuvres complètes)*, p. 154.

dépendance des groupes, mais d'abord des groupes élémentaires, primitifs, naturels. « Je m'incline devant le principe de *nationalité* comme devant celui de la famille : c'est justement pour cela que je proteste contre les grandes unités politiques qui ne me paraissent être autre chose que des confiscations de Rationalités [1] »

On retrouve ici l'une des sympathies maîtresses de Proudhon. Il est toujours resté un provincial, amoureux de la petite patrie. La perfection de ces petites sphères autonomes que sont les cités grecques ne cesse pas d'exciter son admiration. En marge de sa Bible familière, il écrit : « La première loi sociale c'est la personnalité, l'individualité collective manifestée par des coutumes et des institutions propres [2] ». C'est dire que le système fédératif, fait pour assurer la libre vie des petites individualités collectives, ne sera pas pour lui un système exceptionnel, destiné à n'être appliqué que dans certaines circonstances, qui dépendraient elles-mêmes de la structure géographique. En fait, il a été essayé un peu partout, sous tous les cieux, et à toutes les époques, en Palestine comme en Grèce, en Suisse comme en Italie. C'est bien la preuve qu'il répond à quelque éternel besoin de l'espèce humaine. L'histoire a pu la forcer à tenter d'autres voies. La constitution de grandes unités centralisées est un fait, que Proudhon ne songe pas à nier. Mais il persiste à espérer que c'est un fait transitoire. Il se plaît à voir dans les traités de 1815, qui fixent les conditions de l'équilibre entre grandes puissances autonomes, un recul de l'idéal unitaire qui fut celui de l'impérialisme. Et il compte que ces grandes puissances vont pouvoir, à leur tour, se décomposer bientôt en régions libérées. « Le XXe siècle ouvrira l'ère des fédérations [3]. » Une sorte de retour à la nature s'opérerait ainsi qui, en libérant l'humanité des contradictions où les grands États se débattent, lui donnerait enfin cette stabilité que depuis si longtemps elle poursuit en vain. La fédération est une de ces conditions de l'équilibre social que cherche à retrouver, à travers tant d'expériences décevantes, la raison collective : c'est l'une des données de ce plan éternel que le jeune Proudhon rêvait de reconstituer.

On a laissé quelquefois entendre qu'en s'arrêtant à cette solution,

---

1 *Nouvelles observations sur l'Unité italienne* (ibid., p. 237).
2 Relevé par D. Halévy, *l'Indépendance*, article cité, p. 361.
3 *Principe fédératif*, p. 78.

Célestin Bouglé

Proudhon abandonnait l'idéal anarchiste où se complaisait sa jeunesse [1]. Les analyses auxquelles nous nous sommes livré nous permettent de repousser cette interprétation. C'est toujours l'idée gouvernementale qu'il combat, en favorisant les tendances libérales. Et s'il annonce que celles-ci vont pouvoir prendre le dessus, c'est qu'il estime le moment venu où l'ordre politique va reculer devant l'ordre économique, qui implique la liberté en même temps que l'égalité des échangistes. Lorsque donc il défend l'autonomie des petits groupes, l'espoir qui le stimule est bien celui de mieux assurer l'égale liberté des individus.

Dans le fond, les deux tactiques qu'il emploie vis-à-vis de ses adversaires, à propos de la question polonaise ou de la question italienne, sont convergentes. Proudhon est toujours à la recherche d'un milieu, matériel et moral, propice à l'établissement de l'échange égal. À la région il demande, comme il l'a demandé à la famille, de rendre possible le règne des justes contrats. Son fédéralisme est l'envers de son comptabilisme. Ses constantes préoccupations d'échangiste expliquent le traitement particulier auquel il soumet, en les amalgamant dans sa sociologie, les notions qu'il retient des philosophies de Bonald, de Rousseau ou de Saint-Simon.

---

1 Voir A. Desjardins, *P.-J. Proudhon,* tome II, p. 228.

Chapitre VII

Chapitre VIII
LA GUERRE ET LA PAIX

La connaissance que nous avons acquise des notions sociologiques familières à Proudhon nous aidera peut-être à résoudre un problème qui reste posé : celui de la *Guerre et la Paix.* Quelle est, dans l'œuvre proudhonienne, la signification de ce livre ? Et faut-il décidément en classer l'auteur parmi les apologistes, ou parmi les adversaires de la guerre ? La question est encore controversée, parmi les proudhoniens eux-mêmes.

Les uns, comme M. Berth [1], et peut-être M. Guy Grand [2], semblent tenir *la Guerre et la Paix* pour l'un des chefs-d'œuvre de Proudhon. Au milieu des éclairs, ils y voient se révéler une de ses pensées maîtresses : et c'est une pensée guerrière. Héritier d'Héraclite, émule de Nietzsche, tels sont les éloges que mérite, à leurs yeux, le petit-fils du belliqueux Tournési. Mais M. Droz ne souscrit pas volontiers à ces éloges et repousse cette interprétation. Du moins conteste-il qu'on ait le droit de chercher le vrai Proudhon dans ce livre mal fait, écrit après et pendant de très graves malaises de santé [3]. Pour M. Puech [4], le livre n'est pas mal fait, il a seulement été mal lu. Il n'a pas été lu jusqu'au bout, à vrai dire. Sans quoi on se serait bientôt aperçu de l'hérésie que l'on commet, à présenter Proudhon comme un prêtre de Mars.

*
* *

L'impression que laisse la première partie de l'œuvre n'est pas douteuse : c'est bien un poète de la guerre qui parle, qui chante. Et dans ses hymnes passe un écho de ceux qu'entonnait Joseph de Maistre, le mystique apologiste de la guerre divine. Proudhon aussi nous invite d'abord à plier le genou devant elle, pour les révélations sans nombre dont les hommes lui sont redevables. À quelle autre source auraient pu puiser la poésie, l'art, la religion même ? Toute épopée veut des races aux prises. Tout dogme suppose une discorde. Tout culte implique un sacrifice. N'est-ce pas encore

1 *Nouveaux aspects du socialisme,* p. 58.
2 *Nietzsche et Proudhon,* dans la *Grande Revue du 10 janvier 1910,* p. 151.
3 *P.-J. Proudhon,* p. 244. Cf. *Grande Revue* du 25 janvier 1910, p. 424.
4 *Le Centenaire de Proudhon* dans la *Revue de la Paix,* janvier 1909, p. 21.

Célestin Bouglé

dans les rangs des armées que les peuples se plient à la discipline et s'habituent à l'ordre, condition historique de la justice même ? L'unanime sentiment des femmes, d'ailleurs, devait suffire à nous en avertir : à leurs yeux, le héros qui risque sa vie est l'homme par excellence. C'est la bataille qui enseigne au monde la notion de la valeur. « Déshonorons la guerre », criera quelques années plus tard Victor Hugo. On dirait que Proudhon a pressenti ce cri. Par avance, il prend le contre-pied de ce programme. Il entasse les lauriers aux pieds de la déesse terrible et bienfaisante. Et il ne se lasse pas d'en énumérer les bienfaits, pour nous imposer enfin cette conclusion, à la fois philosophique et lyrique : « La guerre, comme le temps et l'espace, comme le beau, le juste et l'utile, est une forme de notre raison, une loi de notre âme, une condition de notre existence [1] ».

Par quelle voie Proudhon a-t-il été conduit à ces thèses ? Par une voie à lui, celle que lui ouvre sa sociologie elle-même. Les théories de la raison collective et de l'être collectif nous ont expliqué déjà, en matière politique ou économique, bien des attitudes inattendues de Proudhon. Peut-être nous expliqueront-elles aussi le magnifique salut qu'il commence par adresser à la guerre.

Et, en effet, pour la glorifier, c'est sur la raison populaire qu'il s'appuie : ce sont ses oracles qu'il oppose aux réquisitoires de la raison philosophique. Vous répétez que la guerre est indigne de l'homme, horrible, inadmissible, incompréhensible. Mais prenez garde que ce qui paraît inadmissible ou incompréhensible à l'individu répond souvent à un besoin profond des sociétés, obscurément senti par l'instinct des masses. En poussant les choses à l'extrême, ne pourrait-on pas dire même que plus une institution répugne à la raison personnelle, plus il y a de chances pour qu'elle soit fondée en raison collective ?

J. de Maistre n'avait donc pas tort de s'extasier devant les « mystères » de la vie sociale. Le grand théosophe est « plus profond mille fois dans sa théosophie que les soi-disant rationalistes que sa parole scandalise [2] ». Juristes et philosophes peuvent opposer leur idéalisme à la terrible réalité de la guerre. Consacrée par la pratique universelle, elle demeure respectée par l'instinct du peuple.

1 *La Guerre et la Paix,* i86l, édition Hetzel, I, p. 33.
2 *La Guerre et la Paix, 1,* p. 37.

Chapitre VIII

Le peuple s'incline devant les arrêts de la guerre. Il révère les qualités dont elle exige le déploiement. Vainement M. de Girardin veut-il démontrer par a + b que la guerre n'est que le vol et l'assassinat portés à une plus haute puissance. La foi instinctive des masses conteste cette assimilation injurieuse : elle sent que passer de l'individuel au collectif, c'est aller, non d'un degré à un autre degré, mais d'un ordre à un autre ordre. Vainement les juristes élèvent-ils, au dessus de la force brutale, le droit sacré. Le peuple bouscule cette antithèse. « Le peuple, ne vous en déplaise, a la religion de la force [1] ».

C'est en fixant « ce fugitif rayon, saisi au plus obscur de la conscience populaire », que Proudhon est amené à prendre, entre les juristes qui se sont occupés de la guerre, une position intermédiaire et originale. La plupart s'en tiennent, en effet, à l'antithèse classique entre le droit et la force. Ils ne voient pas que la force aussi est un droit : la force aussi veut être payée à sa valeur. Sans doute, tout droit a son principe dans l'éminente dignité de la personne humaine ; mais ses diverses « hypostases » les formes sous lesquelles ses facultés différentes se manifestent, méritent toutes le respect. Il y a un droit du travail et un droit de l'amour, un droit de l'intelligence et un droit de l'ancienneté. Pourquoi n'y aurait-il pas un droit de la force ? Hercule n'a pas tort, qui proteste rudement contre le mépris du maître d'école [2]. Puissance aussi mérite récompense. Gardons-nous donc de mettre la force au-dessus du droit, comme semble parfois le faire Hobbes ; mais ne nous gardons pas moins de l'exclure du droit, comme semble parfois le faire Grotius.

En réalité, la force a toujours trouvé moyen de faire valoir ses titres propres. Et il faut s'en réjouir : autrement, comment ces organisations se seraient-elles constituées, qui seules mettent à même l'intelligence, le travail, l'amour de faire valoir à leur tour leurs titres ? « La fleur de lis renie l'oignon dont elle est sortie [3] ». La force a été historiquement l'institutrice du droit.

Mais n'y a-t-il pas des cas, aujourd'hui encore, où elle doit parler haut, et ne pas craindre de donner expérimentalement sa mesure ? Ce sont précisément les cas où les êtres aux prises sont des êtres

---

1 *La Guerre et la Paix,* I, p. 51.
2 Dans l'apologue de la Préface de la *Guerre et* la Paix.
3 *Ibid.,* I, p. 300.

Célestin Bouglé

collectifs, - des puissances qui ne reconnaissent et ne peuvent reconnaître aucune puissance au-dessus d'elles. Pour nous faire comprendre les besoins économiques propres au groupe, Proudhon évoquait Prométhée, S'il évoque maintenant Hercule, c'est pour nous faire comprendre le droit des groupes à montrer leur force militaire. Les avocats de la paix n'oublient qu'un point : c'est qu'une nation est une force de collectivité indépendante, expansive et autonome, qui fatalement se heurte à d'autres forces du même genre.

Leur loi à toutes est de rayonner et de se développer indéfiniment, absorbant et incorporant tout ce qui tombe dans leur sphère d'action. Et en cédant à cette loi de l'accroissement continu, elles ne peuvent pas ne pas se rencontrer. Les seuls frottements des sociétés les unes contre les autres, frottements qui se multiplient inévitablement au fur et à mesure que s'accroît leur volume, les obligent à des délimitations qui ne sont du ressort d'aucun arbitre. Ici, ce sont des incorporations, là des sécessions qui deviennent nécessaires [1]. De nouvelles unités aspirent à la vie. Et aucun des groupes en présence ne saurait, sans abdiquer cette volonté d'être, qui est aussi sa raison d'être, s'en remettre à un tribunal qui les départagerait. Reste donc qu'ils démontrent leurs forces en les mesurant. Le champ de bataille est le seul tribunal qu'admettent les forces collectives.

Entre elles, la guerre est la seule procédure possible de la justice. Il ne faut donc pas dire, comme les juristes continuent à le faire, que lorsque deux peuples en viennent aux mains, la justice est avec un camp, non avec l'autre ; l'un étant dans son tort forcément si l'autre est dans son bon droit. Chacun des deux combattants peut se croire de bonne foi dans son bon droit. Ils y sont par cela qu'ils le croient. Mais dans l'impossibilité pour chacun de faire partager sa croyance à l'autre, ils en viennent à la guerre, comme au seul moyen *juridique* de décider entre leurs prétentions égales et contraires.

Plaçons-nous à ce point de vue : nous comprendrons enfin la raison profonde de l'appareil solennel, - rites, cérémonies, règles de toutes sortes, - dont la guerre est escortée. Parce qu'ils n'ont pas su interroger le peuple, les juristes ont méconnu cette raison. Ils parlent bien des « lois de la guerre », mais ils semblent y voir des lois adventices, extérieures à la guerre même et contraires à son

---

1 Op. cit., I, p. 225 et suiv.

Chapitre VIII

élan propre. Le droit des gens leur apparaît comme un gain de l'esprit pacifique sur l'esprit guerrier, un filet de restrictions que celui-là réussit habilement à imposer à celui-ci pour paralyser tant bien que mal quelques-unes de ses impulsions naturelles. Ils n'ont pas vu qu'il appartient à la guerre elle-même de faire droit, de dire le droit. C'est pourquoi on lui impose spontanément une procédure. « C'est ce sentiment invincible d'un droit impliqué dans la guerre qui, tout d'abord, a fait entourer celle-ci de formalités nombreuses, qui en a posé les conditions et réglé les conséquences, comme s'il s'agissait d'un débat judiciaire. » La guerre est en effet un duel, qui est en même temps un débat judiciaire. La guerre est l'ordalie des nations [1].

Par où l'on comprend encore que les groupes ne sauraient valablement, sur ce terrain, se faire suppléer par des individus. Vainement rêverait-on de remplacer les batailles rangées par des combats d'Horaces et de Curiaces. Un duel d'homme à homme ne peut équivaloir à une lutte de peuple à peuple.

Encore une fois, ce sont des forces collectives qu'il s'agit ici de mesurer. C'est pourquoi il importe qu'elles donnent effectivement leur mesure, en se déployant dans toute leur ampleur et sous toutes leurs formes. Une guerre, à vrai dire, n'est pas une simple confrontation de masses. Ni le nombre, ni le muscle n'y font tout. L'esprit qui anime les troupes, la science qui les munit, la richesse qui les nourrit, tout cela entre et doit entrer en ligne de compte : « Comment distinguer le fort du faible, si ce n'est par un combat dans lequel les parties contendantes auront à déployer tout ce qu'elles possèdent d'énergie physique et morale, d'intelligence, de vertu civique, de patriotisme, de science acquise, de génie industriel, de poésie même ? car c'est de toutes ces choses, encore une fois, que se compose la force des nations, et la guerre en est la montre [2] ».

Ouvrons l'apologie la plus récente, qui est aussi la plus méthodique, de la guerre : celle que le premier Congrès de La Haye suggéra à M. Steinmetz [3]. Nous serons surpris de constater qu'en mon-

1 Op. cit., I, p. 27, 54, 224.
2 Op. cit., I, p. 355. II, p. 45.
3 *Der Krieg als soziologisches Problem.* M. Constantin, dans son livre sur *Le rôle sociologique de la guerre et le sentiment national,* a publié une traduction française de cette brochure. M. Steinmetz a d'ailleurs repris et développé ses idées dans un livre : *Die Philosophie des Krieges,* 1907.

Célestin Bouglé

trant dans la guerre le seul mode de sélection collective qui permette aux États de développer, pour une action globale, les forces variées dont ils disposent, la pensée de M. Steinmetz rencontre plus d'une fois celle de Proudhon. La théorie juridique de la guerre qu'il fondait sur ses conceptions sociologiques fournirait encore aujourd'hui, aux anti-pacifistes, leurs plus sérieux arguments.

*
* *

Hâtons-nous d'ajouter que ce n'est là qu'un aspect, le premier aspect de sa pensée. Par les raisonnements à base sociologique que nous venons de résumer, c'est *l'idée* de la guerre que Proudhon construit : c'est une guerre idéale qu'il justifie, qu'il magnifie. Vient-il à considérer la guerre réelle, il change de ton ; il déchante. Dans son petit livre *l'Homme et la Guerre,* qui est l'un des bréviaires du pacifisme, M. Lacombe dit avoir eu pour première intention d'écrire une étude tout objective de sociologie militaire. Mais quand il out accumulé les faits, il ne put retenir un réquisitoire : « Les horreurs, l'emportant à la fin, m'ont obsédé ». Dans le deuxième tome de *la Guerre et la Paix,* on a souvent l'impression que le même cri de colère et de pitié va échapper à Proudhon [1]. Décrivant les orgies de bestialité que déchainent fatalement les batailles, il ne peut s'empêcher d'ajouter : « Parlons de choses moins atroces ». Après avoir raisonné comme raisonnera M. Steinmetz, il éprouve devant la réalité, dirait-on, les mêmes « réactions » qu'éprouvera M. Lacombe.

Le fait est que nul pacifiste n'aura été plus sévère que Proudhon lui-même pour les excès de la guerre. Plus d'une fois, il en remontre, sur ce point, aux théoriciens classiques du droit des gens. L'excessive indulgence dont ils font preuve, à l'égard de telle pratique chère aux armées, l'irrite et le scandalise. À ses yeux, aussi bien que la mise à sac et le pillage proprement dits, la maraude, les rançonnements, la dévastation sous toutes leurs formes devraient être prohibés. Il refuse de souscrire à l'aphorisme de Napoléon : « La guerre doit nourrir la guerre ». À l'encontre de Grotius, il conteste au chef d'armée le droit de prendre telle, mesure à seule fin « d'imprimer la terreur ». « Ce n'est pas lutter que de se faire une litière d'innocents ». Règle générale : toute pratique qui rappelle,

---

1 II, p. 107, 111, 126.

Chapitre VIII

ou le brigandage, ou la poursuite du coupable, ne saurait être pour la guerre, selon Proudhon, une pratique décente [1].

Il aurait donc encouragé ceux des juristes qui réclament aujourd'hui la suppression du droit de prise. Cette suppression était à ses yeux la conséquence toute naturelle de l'abolition de la course : « Il faut suivre le principe jusqu'à la fin, déclarer sur terre et sur mer toutes les propriétés sacrées ». De même, il eût pris sans doute le parti de ceux qui persistent à demander que les armées, d'un commun accord, s'interdisent tel procédé particulièrement perfide, ou tel armement particulièrement cruel. Dans ce sens, Proudhon allait très loin. Toute fourberie lui faisait horreur, même à la guerre ; ou plutôt, surtout à la guerre. « Si la licence, la fourberie et toute espèce d'artifice doivent être de quelque part impitoyablement bannis, c'est surtout des opérations militaires [2]. » La maxime de Vattel l'offusque, qui veut que les stratagèmes soient la gloire des grands capitaines. L'espionnage, cela va de soi, lui répugne, mais les surprises même ne lui paraissent pas « de bonne guerre ». À plus forte raison, protestera-t-il contre l'emploi d'armes qui doivent transformer les batailles en « abatis réciproques ». L'idée qu'on s'apprête à user de balles explosibles l'indigne. Il accueille avec ironie la nouvelle qu'on va donner à tous les soldats de l'armée française, cavaliers et fantassins, des revolvers à six coups. Devant le nouvel engin qu'on se promet pour après-demain, l'aéroplane portebombe, qu'aurait-il dit ?

Au fond, il fait dater de l'invention de la poudre même ce qu'il appelle la dépravation des batailles [3].

Qu'on se garde de croire, toutefois, que les protestations de Proudhon sur tous ces points soient dictées par une vaine sensiblerie. Il n'est pas de ceux qui tremblent devant le sang versé. La vie des collectivités exige, à de certaines heures, de sanglants sacrifices. Il s'inclinera devant cette loi ; il en comprend la grandeur. Mais encore faut-il que l'humanité ne s'impose pas de sacrifices inutiles, inopérants, ou même contraires au but qu'inconsciemment elle poursuit. C'est parce qu'il a découvert ce but, la raison d'être de la guerre, que Proudhon peut juger les procédés qu'elle met en

1 Op. cit., I, p. 372.
2 Op. cit., I, p. 373. II, p. 18.
3 Op. cit., II, p. 40, 339.

Célestin Bouglé

œuvre. Lorsqu'il dénonce certains d'entre eux, il suit son idée. Il se tient ferme à sa théorie. Et sa protestation n'est que l'envers de la justification qu'il avait d'abord proposée.

La guerre est bien à ses yeux une manière de duel judiciaire, un duel de forces collectives. Nous l'avons reconnu, il devient parfois inévitable que celles-ci se mesurent. Le jugement de la bataille, seul, permet à la plus puissante de faire la démonstration de sa supériorité. Mais pour que cette démonstration soit valable, encore faut-il que la force elle-même respecte certaines règles et borne son action au strict nécessaire.

Un ennemi n'est pas une proie ; il n'est pas non plus un coupable à punir. Lui faire sentir le poids de votre puissance pour l'amener à s'incliner devant elle, c'est votre droit, mais rien ne vous autorise à lui infliger des souffrances de luxe, ni à entreprendre de le ruiner.

A fortiori devez-vous éviter toute mesure destinée à frapper, dans leur vie ou dans leurs biens, les non-belligérants. N'oubliez pas que la guerre met aux prises des groupes en tant que groupes. Elle ne rend pas ennemis en tant qu'individus les membres des deux groupes en guerre. « Vous pouvez enlever à une nation son indépendance, dissoudre sa collectivité, changer ses institutions, déplacer sa capitale, déclarer sa dynastie déchue... Vous ne pouvez pas frapper, ailleurs que sur le champ de bataille et pendant la bataille, si ce n'est pour crime de droit commun, un seul de ses citoyens ; vous ne pouvez pas vivre aux dépens de ceux dont vous vous êtes rendus maîtres ; vous ne pouvez pas en exiger, sans le payer, le moindre service. Tel est le droit de la guerre. Vous êtes les magistrats de la force : prenez garde, si vous abusez de la force, de n'être que des prévaricateurs [1]. »

Notons que si Proudhon interdit certaines pratiques à la guerre, ce n'est pas seulement parce qu'elles sont moralement incompatibles avec la fonction justicière qu'il lui assigne ; c'est encore parce que, en fait, les résultats de ces pratiques seraient instables et comme condamnés d'avance. Une victoire mal acquise ne saurait être une victoire bien assise. Qu'une nation triomphe autrement que par sa force vraie : son triomphe n'obtiendra pas la ratification de l'histoire. Ainsi s'expliquent les répugnances de Proudhon à l'égard de certains armements, ou de certaines tactiques. Il voudrait écarter

1 Op. cit., I, p. 395.

Chapitre VIII

du duel des nations tout procédé qui risque de tromper sur les forces vraies de l'une ou de l'autre.

Et sans doute, sur ce point, sa pensée trahit un certain embarras. Car il entend bien que les nations doivent aller à la bataille avec toutes leurs forces ; or dans le dénombrement de celles-ci il fait entrer, aussi bien que les forces physiques de la race, celles de la matière domestiquée par l'esprit, et le génie des grands capitaines aussi bien que la valeur des masses. Il garde la conviction, toutefois, que la possession de tel outillage, comme l'usage de tel stratagème, peut assurer à un des combattants une supériorité momentanée, factice, telle, en un mot, que fatalement les problèmes qu'elle tranche seront remis en question.

Le « matérialisme de la bataille », qui lui paraît croître avec la civilisation, lui semble aussi propre à entraîner de véritables « falsifications de la victoire ».

Napoléon usait couramment de ruses de guerre qui permettaient à ses armées, moins riches en hommes, de mater momentanément l'adversaire. Et s'il n'avait pas à sa disposition les appareils multiformes de la technique industrielle, qui transforment les camps en autant d'usines volantes, du moins, par cette tactique brutale qui consistait à lancer les bataillons comme autant de boulets sur un même point, il utilisait les hommes comme on utilise les choses ; il assimilait un corps d'armée à une masse de matière ; il confondait, en un mot, « la force de collectivité avec celle de la pesanteur... Trop souvent, et dans une trop large mesure, il avait remplacé la masse par la vitesse, la force par le génie, le temps par l'intensité de son action ! [1] » Conséquence : les victoires napoléoniennes sont par excellence des victoires d'un jour. Derrière elles, sitôt évanouie leur fumée, les peuples écrasés se redressent. Les groupements disloqués se reforment. Étranges caprices du destin, disait M. Thiers. Sanctions fatales, répond Proudhon, sanctions logiques des lois mêmes de la guerre outrageusement violées. Où manque le respect de sa procédure normale, la guerre ne saurait procurer aucun résultat juridiquement valable, ni par suite aucun résultat historiquement durable.

---

1 Op. cit., II, p. 52 et suiv.

Célestin Bouglé

Au fur et à mesure que la pensée de Proudhon révèle toutes ses conséquences, on aperçoit mieux à quel point il n'était, lui aussi, dans la première partie de *la Guerre et la Paix,* qu'un ouvrier d'idéal. À la guerre telle qu'elle devrait être, pour atteindre sa fin et remplir sa mission, s'adressent et conviennent ses hymnes. Mais entre la guerre qu'il imaginait et celle qu'il observe il découvre une distance qui l'effraie. Suivie dans les détails de ses opérations, la guerre ne lui apparaît plus que comme une chasse à l'homme perfectionné et organisé en grand, une variété du cannibalisme et du sacrifice humain. « La guerre pourrait se définir : un état dans lequel les hommes, rendus à leur naturel bestial, recouvrent le droit de se faire tout le mal que la paix a pour but de leur interdire. » Dans la réalité, l'élément *bestial* prend le pas sur l'élément *moral.* Nous prêtons à la guerre le masque de Pallas : elle a vite fait de nous laisser voir sa face de Gorgone [1].

*
* *

Constater ce fait ne suffira pas à Proudhon ; il faut qu'il l'explique. Dans la première partie de son œuvre, il ne s'est pas contenté, à la manière de Joseph de Maistre, d'adorer la guerre, il a voulu découvrir le principe même de ses sublimités. Ainsi entend-il bien maintenant tirer au jour la raison de ses horreurs. Organes de la justice, comment se fait-il que les armées deviennent les véhicules de l'inhumanité ? Ce mystère reste à éclaircir.

À l'économie politique encore il appartient de fournir, en cette matière aussi, l'éclaircissement décisif. De juriste qu'il s'était fait, Proudhon redevient comptable. Le critique de Grotius cède la parole au continuateur d'Adam Smith. En réfléchissant sur la manière dont la richesse est répartie et le travail organisé, il trouve la clef qu'il cherchait : une théorie du paupérisme va expliquer jusqu'à la dépravation des batailles.

Le paupérisme est tout autre chose que la pauvreté. De celle-ci Proudhon n'a pas pour : au contraire. Et dans ses œuvres, qui comptent tant de belles pages, il n'y en a pas de plus belles que l'éloge qu'il lui consacre [2]. « Tempérance, frugalité, le pain quotidien obtenu par un labeur quotidien » : c'est la loi imposée, de toute

1 Op. cit., II, p. 107.
2 Op. cit., II, p. 125 et suiv.

Chapitre VIII

éternité et pour tous les temps, aux fils des hommes. Le plus sage est pour eux de l'accepter allègrement. Rien ne saurait les y soustraire. En vain leur ingéniosité multiplie-t-elle les moyens de produire. La population se multiplie bientôt en proportion. D'ailleurs, par l'effort même auquel elle est soumise, ses besoins s'étendent et se raffinent. C'est pourquoi la demande déborde toujours les disponibilités. C'est pourquoi la production collective, expression du travail collectif, ne peut, en aucun cas, dépasser d'une quantité appréciable le nécessaire collectif. C'est pourquoi l'humanité ne peut perdre une journée sans que la famine se fasse sentir à l'instant. « Travaillez donc, car si vous vous relâchez, vous tomberez dans l'insuffisance, et au lieu de ce luxe que vous rêvez, vous n'aurez même pas le strict nécessaire ; travaillez, augmentez, développez vos moyens ; inventez des machines, cherchez des engrais, acclimatez des animaux... Or, quand vous aurez tout fait, et par l'énergie de votre production, et par l'exactitude de votre répartition, pour vous rendre riches, vous serez étonnés de voir que vous n'avez réellement gagné que votre vie, et que vous n'auriez pas de quoi célébrer un carnaval de quinze jours [1]. »

On voit ici, comme sur tant d'autres points, Proudhon trouver une position intermédiaire. Il ne dit pas, comme les représentants de la tendance « spartiate [2] », que, si l'on veut faire régner la justice entre les hommes, il faut avant tout simplifier la vie, et, pour chasser plus sûrement le luxe, père de l'inégalité, ralentir plutôt qu'accélérer le rythme de la production. Mais il ne croit pas non plus, comme les « Athéniens », que l'accélération de ce rythme amènera de soi une surabondance universelle, le luxe en tout et pour tous. Sa pensée est à mi-chemin entre celle des pessimistes et celle des optimistes de l'économie sociale, entre celle des « ascètes » et celle des « sensualistes », entre celle des adversaires jurés et celle des hérauts de l'industrialisme. Pour lui, le progrès des moyens de production n'est pas, à vrai dire, un progrès en soi : c'est une nécessité inéluctable. La fatalité même de l'accroissement des peuples les oblige à

---

1 *Op. cit.*, II, p. 139.

2 « Spartiates » et « Athéniens », c'étaient les expressions dont on se servait souvent sous la Révolution, ce sont celles dont se sert Buonarroti, dans son livre sur la Conspiration *pour l'Égalité dite de Babeuf*, pour caractériser les deux types opposés de philosophie sociale, l'une prêchant avant tout la réduction des besoins, l'autre l'extension des moyens de production.

Célestin Bouglé

gravir ces degrés. Ce n'est pas pour posséder plus, c'est pour ne pas posséder moins qu'ils s'ingénient et s'évertuent sans répit. Le vrai bénéfice de ce travail inlassable et multiforme n'est pas, ne saurait être d'ordre matériel. Le chercher de ce côté, c'est faire fausse route. Le bénéfice du travail est un bénéfice moral. La nécessité nous astreint à intensifier, à multiplier, à varier nos efforts. Sachons nous en réjouir et en remercier les dieux. Par cet effort, l'esprit déploie toutes ses virtualités et révèle toutes ses ambitions. L'entretien de la civilisation matérielle suscite la civilisation véritable, qui est la vie de l'esprit. « Par le travail nous spiritualisons de plus en plus notre existence. Pourrions-nous, dès lors, nous en plaindre ? »

Au fond, pour Proudhon, la loi de pauvreté par ses divers commandements, directs ou indirects, engendre et maintient la moralité même. Dans ces conditions, comment pourrions-nous la rendre responsable des immoralités de la guerre ? Ceci ne saurait naître de cela : un fleuve aussi bourbeux d'une source si pure.

Le mystère ne s'éclaircit que pour qui passe, de la considération de la pauvreté, à celle du paupérisme. C'est passé de la source de toute moralité à la source de toute immoralité. Le paupérisme est, par définition, de l'injustice organisée. Il est, dit Proudhon en termes fouriéristes, la pauvreté anormale agissant en mode subversif. Il apparaît là où le produit collectif n'est point réparti proportionnellement au travail personnel : là où les uns touchent plus et les autres moins que ne vaut leur effort. Ceux-ci tombent donc au-dessous du nécessaire vital, tandis que ceux-là le dépassent d'une distance infinie. D'où, chez les uns, cette faim lente dont Fourier encore a magistralement décrit les effets, et qui devient fatalement un appétit de révolution. Et, chez les autres, une voracité insatiable, qui n'est pas moins dangereuse par ses exigences. « Il est d'expérience que plus l'improductif consomme, plus il demande à consommer... Au sein des jouissances, il se trouve indigent. » Dans un monde ainsi partagé, personne n'est plus, personne ne peut plus être *contentus sua sorte*. L'inquiétude devient universelle, et avec elle l'insécurité , - Un État que le paupérisme ronge est un État mûr pour la guerre la plus injuste. En quête perpétuelle, non pas seulement de dérivatifs, mais de débouchés, le défaut d'équilibre économique l'oblige à demander sans cesse au dehors de quoi combler le gouffre béant du dedans. Subvenir au déficit par la conquête, c'est pour lui le pro-

Chapitre VIII

blème de toutes les heures. De ce point de vue, il apparaît que le Dieu des armées et le Dieu de la misère sont un seul et même Dieu. « Ego *sum pauper et dolens,* voilà, si les guerriers avaient autant de philosophie que de bravoure, la devise qu'ils mettraient sur leurs drapeaux. » C'est l'aiguillon du paupérisme qui les dresse face à face, l'épée en main [1].

Dès lors, comment pourrait-on s'attendre à les voir respecter des règles et conserver des scrupules ? Le ver est dans le fruit. L'injustice est au cœur de la guerre. La bestialité devait donc éclater dans ses gestes. Que peut être la « guerre dans les formes » entre des armées qui marchent sous l'étendard de la famine ? « Guerre, fille de famine, engendre donc rapine. » De justicier, le guerrier redevient en effet brigand. Il suffit, pour comprendre cette déchéance fatale, de voir jouer, sous les motifs politiques, les causes premières de la guerre - qui sont des causes économiques. Nous représentions les États comme des forces vivantes, exposées à s'entre-heurter en prenant leur développement normal. Nous les voyons maintenant rechercher d'eux-mêmes les heurts, travaillés qu'ils sont par leur défaut d'organisation interne, par l'anarchie économique où ils se complaisent. Un coup d'œil sur la constitution sociale des États modernes nous avertit que leurs fièvres belliqueuses sont les effets d'une maladie organique. De plus en plus, il devient manifeste que les raisons proprement politiques ne sont que des prétextes. « Ce qui gouverne le monde en effet, s'écrie Proudhon retrouvant les images de comptable qui lui sont familières, ce n'est ni l'Évangile, ni le Coran, ni Aristote, ni Voltaire ; ce n'est pas plus la constitution de 1852 que celle de 1793 ; c'est le livre de raisons dont toutes les pages portent écrits en gros caractères ces deux mots uniques : au verso, Doit, au recto, Avoir [2]. »

On le voit, nul mieux que Proudhon ne prépare cette interprétation économique du militarisme qui a rencontré aujourd'hui tant de faveur, surtout dans les milieux ouvriers. La guerre est formellement présentée par lui comme le fruit naturel de cette civilisation capitaliste dont Fourier dénonçait la barbarie latente : la guerre n'est que l'une des formes de « l'anarchie économique » que le capitalisme entretient.

---

1 Op. cit., II, p. 177, 217, 287.
2 Op. cit., II, p. 341.

Célestin Bouglé

Mais est-ce seulement au capitalisme proprement dit qu'il en faut faire porter la responsabilité ? Est-ce seulement dans le monde moderne que le Dieu des armées laisse voir la fraternité qui l'attache au Dieu de la misère ? Plus d'une fois on est tenté, pour comprendre, la mouvante pensée de Proudhon, de distinguer des phases historiques auxquelles ses attitudes différentes correspondraient : à telle période seulement conviendrait telle théorie. Par exemple, dans l'âge antique auraient régné ces causes politiques de la guerre qui la laissent noble ; dans l'âge moderne ces causes économiques qui la rendent ignoble.

La distinction ne serait recevable que partiellement, et provisoirement. En réalité, le matérialisme historique de Proudhon remonte vite du présent au passé. Par l'injuste répartition des produits du travail, il expliquait, dans sa *Lettre à Blanqui,* toutes les révolutions de l'histoire [1] : le même mal au fond lui explique toutes les guerres. Il n'hésite pas à laisser entendre que, bien avant l'âge moderne, les causes politiques ne sont que des causes secondes, des motifs, pour ne pas dire des prétextes. Dans l'antiquité, on peut distinguer les époques de la guerre : guerre pour les dépouilles, guerre pour la tribu, guerre pour la conquête ; toujours et partout guerre de rapine. Au moyen âge, sous les guerres religieuses elles-mêmes, on découvrirait, en cherchant bien, des « questions de subsistance [2] ».

Un seul caractère, peut-être, distingue nettement notre âge. C'est que le système des prétextes politiques est enfin percé à jour. Troué pour jamais, le manteau de pourpre. Les causes économiques des guerres se montrent à tous les yeux dans leur horrible nudité.

Mais quelle conséquence pratique en va tirer Proudhon ? Une conséquence nettement pacifiste. Du moment où le voile est déchiré et l'essence économique de la guerre révélée, la guerre perd, selon lui, non seulement tout prestige, mais toute raison d'être. Il devient manifeste que les moyens qu'elle met en œuvre sont inadéquats aux problèmes posés. Les problèmes économiques ne sont pas de ceux qui se laissent trancher à coups d'épée. En pareille matière, la juridiction de la guerre est incompétente. Qu'une armée démontre sa supériorité sur une autre, cela nous apprendra-t-il à restituer aux valeurs la fixité, et à l'échange l'équité réclamées ?

---

1 Voir plus haut, p. 67, 109.
2 Op. cit., II, p. 228 et suiv.

Besognes de commis, encore une fois, non de héros. Affaires de comptables. « La politique, aujourd'hui, est de l'économie politique. Que voulez-vous que la guerre aille faire là [1] ? » « L'évolution même des sociétés, qui les rend de plus en plus conscientes du vrai but qu'elles poursuivent, rend aussi les guerres non seulement de plus en plus laides, mais de plus en plus inefficaces. Quand les peuples ont une fois compris où le bat les blesse, on ne saurait s'attarder longtemps aux traditionnelles recettes de la violence. Leur caractère de survivances n'échappe plus à personne. Le règne de l'économie politique, c'est la paix.

Si telle est bien sur l'avenir la pensée dernière de Proudhon, n'est-il pas permis d'y reconnaître encore un souvenir des théories saint-simoniennes ? Aux saint-simoniens revient l'honneur d'avoir formulé et vulgarisé l'antithèse entre la phase militaire et la phase industrielle de l'évolution sociale. Les premiers, ils répètent que, lorsque l'industrie prend les rênes en main, la guerre est comme destituée. En même temps que l'administration des choses au gouvernement des personnes, un régime de coopération succédera à l'ère des batailles. Mercure triomphant chassera Mars du monde. Sur ce point comme sur plusieurs autres, Proudhon, contradicteur des saint-simoniens, reste leur continuateur.

Les divergences, d'ailleurs, apparaissent vite. Une fois posé ce principe général que la guerre, lorsque le problème économique est ouvert, n'a plus voix au chapitre, Proudhon conçoit d'une manière tout à fait différente de la manière saint-simonienne la solution de ce problème, et par suite la nature même de la paix attendue. Les saint-simoniens semblent croire que l'on verra l'association, en tout et pour tout, se substituer au conflit. Ils mettent leur espérance dans une immense organisation par en haut qui, confiant aux plus compétents le soin de répartir travaux et produits entre les hommes, ôterait à ceux-ci toute occasion de s'affronter, de se mesurer. Le pacifisme saint-simonien est un pacifisme d'unitaires, pour ne pas dire un pacifisme d'autoritaires. Mais Proudhon est foncièrement pluraliste et libéral. Il était donc naturel qu'il ne crût pas possible, ni même souhaitable, la disparition des antagonismes. Il se représente le monde comme une lice de forces indépendantes. Et pour le progrès du monde, il veut que ces forces

1 Op. cit., II, p. 370.

Célestin Bouglé

continuent de se mesurer.

À un certain moment de son développement intellectuel, Proudhon a pu espérer des synthèses conciliatrices, où, en effet, s'évanouirait tout antagonisme. Mais plus il va, et plus aussi il se persuade que les antithèses sont finalement irréductibles. La pression des forces les unes contre les autres n'est-elle pas la condition même du mouvement ? Seulement, leur nécessaire conflit peut prendre plus d'une forme. Il peut s'élever des formes directes aux formes indirectes. Il peut s'élever des formes barbares aux formes civilisées. Et c'est ainsi que, sans admettre l'éternité de la guerre, il est permis de proclamer l'éternité de la lutte. « L'antagonisme, que nous acceptons comme loi de l'humanité et du progrès, ne consiste pas essentiellement pour l'homme en un pugilat, en une lutte corps à corps. Ce peut être tout aussi bien une lutte d'industrie et de progrès [1]. » Et on aurait grand tort de croire que ces nouvelles batailles exigent moins que les autres l'effort, le sacrifice, le mépris de la mort et des voluptés. La concurrence aussi a ses vaincus. La vie du travail aussi est une vie glorieuse, parce qu'elle est une vie dangereuse.

Lorsqu'il développe ces idées, ce n'est plus aux thèses de M. Steinmetz, mais bien à celles de M. Novicow, par exemple [2], que la *Guerre et* la Paix nous fait penser. Proudhon n'admet plus comme indispensable et inévitable le choc solennel des nations en armes. Il esquisse à sa façon les transformations de la lutte. Il désigne les équivalents de la guerre. Et, discutant avec ceux qu'on pourrait appeler les matérialistes de la guerre, qui ne voient de la lutte que les formes violentes, il met la main sur l'argument que reprendra plus d'un pacifiste, pour parer au reproche de prêcher la mollesse avec la paix. « L'idée de paix, dit-on, est négative. Or, la société a été formée par la guerre. Comment tomberait-elle sous la loi du néant ? Mais il ressort de tout ce que nous avons dit que la paix n'est pas la fin de l'antagonisme, ce qui voudrait dire, en effet, la fin du monde : la paix est la fin du massacre, la fin de la consommation improductive des hommes et des richesses [3]. » Substituer, aux luttes par et pour la destruction, les luttes par et pour la production, c'est tout le problème : c'est le problème d'aujourd'hui.

1 *Op. cit.*, II, p. 373, 401.
2 *Voir les Luttes entre sociétés humaines et leurs phases successives.* Paris, Alcan, 1893.
3 Op. cit., II, p. 380 et suiv.

Chapitre VIII

On comprend maintenant en quel sens la philosophie du travail de Proudhon s'ajuste à la philosophie de la lutte, et pourquoi il n'aime pas à parler de la suppression de la guerre, mais bien de sa transformation. Pour un saint-simonien peut-être, le travail est vraiment la négation de la guerre. Pour Proudhon, il n'en est qu'une forme supérieure. C'est pourquoi il répète dans sa correspondance [1] que ces deux phénomènes, guerre et travail, bien que contradictoires par leur essence, s'accordent au fond : « Ils appartiennent au même sujet, mais à des époques différentes de sa vie ». Et expliquant sa pensée : « Oui, la guerre dans les prévisions évolutives de notre espèce est la figuration d'un ordre de choses qui la nie et l'exclut, mais qui cependant retient d'elle les traits principaux : savoir, que chacun doit payer de sa personne comme à l'armée ; que la concurrence est la loi du travail libre comme dans une bataille : que le bien-être pour chacun est en raison de son effort, comme l'enseigne le droit de la force. » Détournons les esprits de la guerre pour les diriger vers le travail, - c'est notre droit, c'est notre devoir à l'heure présente - mais à la condition de leur rappeler que le travail est une guerre encore.

*
* *

On s'explique peut-être mieux, après cette série d'analyses, la diversité des interprétations qu'a subies la pensée de Proudhon dans *la Guerre et la Paix*. C'est qu'elle est, en effet, une pensée particulièrement complexe, une pensée à feux tournants, pourrait-on dire, ou à facettes nombreuses, qu'elle ne montre que l'une après l'autre.

C'est d'abord une pensée de sociologue : comme tel, Proudhon est soucieux de comprendre les affirmations universelles de la raison collective, et aussi les conditions de vie des êtres collectifs. C'est de ce point de vue qu'il aperçoit, découvrant les raisons qui justifient le mysticisme belliqueux d'un Joseph de Maistre, la nécessité, la légitimité, la beauté de la guerre, débat judiciaire entre des forces collectives qu'aucune force supérieure ne saurait départager.

Proudhon ne pouvait s'en tenir à ce point de vue : dans sa sociologie - nous l'avons constaté déjà - les préoccupations de l'économiste finissent toujours par l'emporter. Ce sont elles qui lui font <u>rechercher, dans</u> l'injuste organisation de l'échange, les raisons ma-

1 T. XII, p. 340. Lettre du 4 mars 1863.

Célestin Bouglé

térielles des excès de la guerre ; elles aussi qui lui font comprendre pourquoi les procédés aimés de la guerre sont désormais surannés. Sa pensée coïncide alors avec celle de Saint-Simon, non plus avec celle de Joseph de Maistre.

Mais il ne suffit pas de dire que la sociologie de Proudhon est une sociologie d'économiste : plus précisément, c'est une sociologie d'économiste libéral. Non sans raison, Proudhon persiste à se réclamer par-dessus tout d'Adam Smith. Il veut l'égalité ; mais par le jeu des libertés s'entendant pour l'échange équitable, dans l'universelle concurrence. Et ainsi, dans son pacifisme d'économiste, il demeure apologiste de la lutte.

Est-il étonnant, après cela, que Proudhon garde aujourd'hui encore des admirateurs dans presque tous les camps ? Il mettait lui-même son originalité à tirer profit des traditions les plus divergentes.

Chapitre VIII

Chapitre IX
LES TESTAMENTS

Les dernières années de Proudhon sont une lutte désespérée - lutte contre la gêne toujours menaçante, lutte contre la fatigue croissante, lutte aussi contre l'angoisse intime dont chaque matin, devant les errements du monde moderne, Proudhon se trouve ressaisi.

Au moment des poursuites dirigées contre son livre sur la Justice, Proudhon s'était réfugié en Belgique. Ne quittant guère ses besognes de librairie que pour aider sa femme aux besognes du ménage, il avait trouvé le moyen d'organiser, dans un faubourg de Bruxelles, son humble vie laborieuse. Quand une amnistie fut décrétée, qui lui eût permis le retour à Paris, il refusa d'en profiter. Mais une phrase équivoque sur l'annexion possible de la Belgique - une phrase lancée dans une polémique à propos du principe des nationalités et de l'unité italienne, - alarme l'opinion belge et la tourne contre lui. Une foule en colère envahit sa rue. Il doit reprendre le chemin de la France.

Il le reprend sans joie, persuadé que la France s'enlise, et qu'après avoir donné le signal de l'émancipation, elle donne l'exemple de la dissolution. Il ne voit que corruption organisée, mollesse des consciences et incohérence des esprits, lâcheté générale [1]. Dans son dédain des formes politiques il avait fait crédit à l'Empire : il est bien obligé de constater que l'Empire, bien loin d'organiser le droit économique, n'a fait que favoriser le progrès de la féodalité financière, - progrès qui accélère la décadence morale en même temps qu'il aggrave le désordre industriel. Si du moins le régime rencontrait une opposition ferme, et conséquente ! Mais les opposants ne valent pas mieux que le gouvernement. Sous prétexte de limiter ses abus ils se compromettent avec son principe : férus de parlementarisme, ils glissent sur le terrain où on les entraîne, et qui est toujours le terrain politique. Ils ne savent plus poser la question sociale comme elle doit être posée. Et ils approuvent d'un cœur léger, sous prétexte qu'elle est conforme au principe des nationalités, une politique internationale qui n'est qu'une criminelle

---

1 Voir *Correspondance*, t. XI, p. 57, 131, 165.

Célestin Bouglé

diversion à la question sociale.

Aussi quels accès de rage, chez Proudhon, non seulement contre les conservateurs ankylosés, mais encore et surtout contre ces démocrates désossés qui ne l'ont pas compris, qui ne veulent plus l'entendre, et ne s'aperçoivent pas qu'il tient dans ses mains la clef des problèmes dont la démocratie, reste obsédée. Hélas ! Ses théories sur la guerre et la paix ont donné lieu à autant de malentendus que naguère ses mémoires sur la propriété. Il est toujours, pour le plus grand nombre, un sophiste amoureux du bruit, une manière d'Érostrate littéraire. On ne prend pas aux sérieux ses avertissements, ses rappels à l'ordre historique. Quelle tristesse d'assister impuissant à ces déviations, pour un homme qui a mis sa confiance dans le mouvement spontané de l'histoire, éducatrice de la raison collective ! Il y a des moments où, de désespoir, Proudhon se déclare prêt à briser sa plume ; il se croisera les bras, laissant couler cet ignoble fleuve de boue...

Mais ces découragements ne durent guère. Bientôt sa frénésie de travail reprend Proudhon. À tout prix il faut qu'il s'explique, anéantisse les calomnies, dissipe les équivoques, dégage les principes. Dût-il refaire toute l'histoire de la Pologne, il justifiera son attitude dans la question polonaise. Il tirera au clair la théorie des nationalités. Il précisera les contradictions de la politique comme il a précisé les contradictions de l'économie. Sur tous ces points à la fois Proudhon accumule fiévreusement les notes. Il commence des réponses qui deviennent des réquisitoires. Il écrit des lettres qui deviennent des livres. Ni les difficultés qu'il rencontre auprès des éditeurs, ni les avertissements chaque jour plus sérieux que reçoit son organisme, ne peuvent l'arrêter. Quand la mort le saisira il aura une douzaine de manuscrits « au crochet ».

*
* *

La plupart de ces manuscrits ont été publiés [1]. Ils sont bien faits

1 En voici la liste : *De la capacité politique des classes ouvrières. - Théorie de la Propriété. - Contradictions politiques : Théorie du mouvement constitutionnel au XIXe siècle. - France et Rhin. - La Pornocratie, ou les femmes dans les temps modernes. - Du principe de l'art et de sa destination sociale. - La Bible annotée. - Jésus et les origines du christianisme. - Napoléon 1er, Napoléon Ill et Wellington. - Les Mémoires de Fouché. - Césarisme et christianisme.* M. CI. Rochel, dans la *Grande Revue* (10 et 25 août, 25 sept. 1908), a publié des extraits des *Carnets de Proudhon.*

pour donner au lecteur, une fois de plus, l'impression de la complexité de l'œuvre proudhonienne, et de la diversité des tendances qu'elle peut servir. Dans ces testaments, les héritiers intellectuels de Proudhon trouveront ample matière à discussion. Les inscriptions qu'on déchiffre sur ces colonnes inachevées nous renvoient, - il le semble du moins au premier abord, - les unes à droite, les autres à gauche.

C'est ce qui devient particulièrement sensible si l'on confronte les deux plus importants de ces livres posthumes, la *Capacité politique des classes ouvrières* et la *Théorie de la Propriété*.

On sait quel sort a été fait, dans ces dernières années, à la *Capacité politique*. N'est-elle pas devenue, pour un certain nombre d'esprits, comme le bréviaire de la révolution nouvelle ? Du moins est-elle présentée comme le livre le mieux adapté à l'état d'esprit du parti le plus avancé, - du parti qui nie les partis - du syndicalisme révolutionnaire. N'est-ce pas dans la sociologie de la *Capacité* que se rencontrent les notions les plus propres à faire comprendre les positions du syndicalisme, aussi anti-individualiste qu'anti-étatiste, aussi éloigné de l'anarchisme pur que du socialisme traditionnel [1] ? Si Marx avait pu tenir compte de cette œuvre posthume, il serait revenu sur ses anathèmes : il n'aurait certes pas continué à dire que Proudhon est le type du petit bourgeois. Le Proudhon de la *Capacité* a compris mieux qu'aucun penseur à quelles conditions peut se former la conscience ouvrière. Il est plus profondément révolutionnaire que Marx lui-même. Et de fait, si quelques-uns prêchent aujourd'hui une sorte de retour à Proudhon, l'espoir qui les anime est bien celui de dépasser les marxistes.

Mais reportons-nous à la *Théorie de la Propriété*. Un autre son de cloche se fait entendre. Et Proudhon mérite, semble-t-il, des éloges tout différents. Il se trouve en effet des gens pour le louer d'avoir fourni, dans ce livre, le plus solide plaidoyer en faveur de cette propriété individuelle, que lui-même, pour son début, avait

---

Parmi les manuscrits encore inédits, le plus important est celui que Proudhon voulait consacrer *à la Pologne*, avec ce sous-titre, *considérations sur la vie et la mort des nationalités*. Grâce à l'obligeance de Madame Henneguy, nous avons pu feuilleter ce manuscrit et nous rendre compte de l'intérêt spécial qu'il présente, dans ses premiers chapitres surtout, pour l'étude des idées sociologiques de Proudhon.

1 Voir Édouard Berth, *Les nouveaux aspects du socialisme*.

Célestin Bouglé

si violemment attaquée [1]. Proudhon vieilli brûle donc ce qu'il adorait, ou adore ce qu'il brûlait ? Toujours est-il qu'il ferme de sa main les blessures ouvertes par sa lance. Contre les adversaires de l'appropriation privée, il nous apporte, dit-on, d'incomparables munitions. Nul ne défend avec plus de résolution le *jus utendi et abutendi*. Et ainsi il nous incite lui-même et nous aide à résister au courant révolutionnaire.

À ce compte, l'un des testaments de Proudhon dirait à peu près exactement le contraire de l'autre ? Il faut rechercher ce que vaut cette suprême opposition. Peut-être, dans un sens comme dans l'autre, s'est-on laissé entraîner à exagérer les thèses de Proudhon. Peut-être suffira-t-il de les ramener à leurs véritables termes pour s'apercevoir qu'elles sont moins contradictoires qu'il pouvait le sembler : dans la *Capacité* comme dans la *Propriété* l'auteur reste fidèle à l'impulsion des principales idées, tant pratiques que philosophiques, que nous avons vues naître et grandir dans son esprit.

*
* *

C'est le *Manifeste des soixante qui* fournit à Proudhon l'occasion d'écrire son livre sur la capacité politique des classes ouvrières. Après les élections de 1863 un certain nombre d'ouvriers jugèrent le moment venu de rompre nettement avec la bourgeoisie, même opposante : ils déclarèrent qu'ils ne voulaient voter, désormais, que pour des candidats de leur classe. Ce fat dans la presse républicaine un *tollé* général. Les signataires du *Manifeste* font le jeu du gouvernement, s'écriait-on, en travaillant à diviser les forces de ses adversaires. En tout cas les candidatures de classe qu'ils préconisent sont *un* effort pour ressusciter des distinctions sociales à jamais abolies par la Révolution. Politique doublement rétrograde.

Devant cette argumentation, Proudhon ne peut se contenir. Il retrouve la véhémence de ses plus beaux jours pour accuser les accusateurs d'aveuglement incompréhensible ou d'hypocrisie criminelle. Il eut préféré pour sa part, et il avait conseillé, comme un *nescio vos* plus significatif à l'égard du régime social patronné par l'Empire, l'abstention totale. Il défend du moins de toute son énergie le droit des ouvriers, parias de cette société, à faire bande à part.

---

1 C'est un des thèmes développés par M. Camille Sabatier, auteur du *Morcellisme* et l'un des fondateurs d'une ligue pour la défense de la petite propriété.

Chapitre IX

Il voit dans la tentative de sécession du *Manifeste* la preuve que la plèbe travailleuse arrive enfin à la capacité politique. La capacité politique doit se définir en termes sociaux. On la possède - que la loi électorale y consente ou non - lorsqu'on a pris conscience de la situation spéciale faite à la collectivité dont on est membre, et lorsqu'on l'aide à dégager une idée adaptée à cette situation même. Libérés par la Révolution, c'est-à-dire détachés des groupes qu'ils formaient avec leurs maîtres et seigneurs, les travailleurs n'ont été longtemps que poussière écrasée par les détenteurs des moyens de production. Mais voici qu'ils éprouvent le besoin de former des groupes autonomes. C'est donc que l'heure a sonné où le socialisme ne sera plus seulement le rêve de quelques prophètes : désormais il existe des organes propres à le porter, et à l'insérer dans la trame de l'histoire. Ce qui revient à dire que le peuple commence à devenir *sui conscius*, capable d'agir par lui-même et pour lui-même [1].

N'est-ce pas vraiment un hymne à la conscience de classe qu'entonne ici Proudhon ? Nulle part, semble-t-il, dans toute la littérature de l'économie sociale - non pas même dans le *Manifeste communiste* - *les* raisons de la sécession prolétarienne n'ont été plus nettement déduites. Nulle part les producteurs n'ont été plus fermement exhortés à poser leur « moi » collectif en l'opposant à la société bourgeoise. Ceux qui travaillent aujourd'hui à aggraver cette opposition, en organisant la foule des producteurs dans ces formations de combat que seraient les syndicats fédérés, ont donc quelque droit - que leurs prédécesseurs se soient ou non inspirés, en fait, de la pensée de Proudhon [2] - à se réclamer de son autorité.

1 *De la capacité politique des classes ouvrières, 2e partie, chap.* I et II.
2 Cette question de fait n'a pas encore été entièrement tirée *au* clair. En ce qui concerne l'Internationale avant 70, M. Puech a très nettement démontré (*Le Proudhonisme dans l'Association internationale des travailleurs,* Paris, 1907) que la plupart de ses membres français étaient profondément imprégnés de l'esprit proudhonien ; il a indiqué comment celui-ci fut peu à peu éliminé de l'Internationale par le dogmatisme marxiste.
Quant au syndicalisme révolutionnaire actuel, il semble bien que quelques-uns de ses promoteurs - M. Pelloutier entre autres, l'historien des Bourses du Travail, - ont pu recevoir l'influence de Proudhon. Mais la plupart déclarent qu'entre ses idées et les leurs il y a coïncidence plutôt que filiation, leurs théories dérivant de la vie même, et non des livres. (Voir, dans la *Revue de synthèse historique,* 1909, tome XIX, p. 179 et suiv., un article de M. Lucien Febvre : Une *question d'influence : Proudhon et le syndicalisme contemporain,* qui montre bien quelles recherches resteraient à mener pour résoudre ces problèmes).

Célestin Bouglé

Quelle distance toutefois entre les impulsions qui leur sont familières ou les théories qui leur sont chères, et celles auxquelles Proudhon nous a habitués ! On l'oublie trop volontiers, lorsqu'on répète qu'il est le plus authentique ancêtre du syndicalisme révolutionnaire [1]. Il importe d'ajouter que sur bien des points, les méthodes que vante celui-ci eussent rencontré le blâme le plus énergique de Proudhon, et qu'entre sa philosophie et celle que « la nouvelle école [2] » s'efforce de greffer sur l'action syndicaliste, les oppositions abondent.

On sait, par exemple, quels espoirs cette école fonde sur la pratique de la violence [3]. Elle glorifie ces champs de grèves où les conflits s'exaspèrent, où des chocs se multiplient qui, broyant respects ou scrupules, coupent décidément tous les liens entre l'armée des producteurs et la soi-disant civilisation bourgeoise. Elle compte sur ces batailles nouvelles pour fomenter au cœur des travailleurs une sorte d'instinct héroïque capable de régénérer le monde. Mais, il est trop probable, cette régénération par les coups n'aurait nullement séduit Proudhon. Dans la Capacité aussi bien que dans la Justice il refuse de reconnaître le droit de grève. A fortiori eût-il condamné les violences dont les grèves sont le signal, et maudit par avance la nouvelle forme de guerre civile que quelques-uns appellent de leurs vœux comme l'accompagnement naturel de la grève générale. Au fond, il reste fidèle au principe qu'il énonçait en 1846 dans la lettre qu'il écrivit en réponse à Karl Marx : il se défie des « secousses » où l'on veut voir des révolutions.

Jusqu'au bout il proteste qu'il n'est pas un « bousculeur ». Bien plutôt demeure-t-il un légalitaire. Ne va-t-il pas jusqu'à écrire, dans la Capacité [4], qu'au milieu des luttes de coalitions entre ouvriers et maîtres, il importe de ne jamais oublier les intérêts d'un ordre plus élevé qui se trouvent en jeu, « je veux dire la réalisation du droit dans le corps social, manifestée par l'observation des formes lé-

---

M. Pirou s'est volontairement abstenu de se les poser dans le livre qui porte pour titre *Proudhonisme et Syndicalisme révolutionnaire* (Paris, 1910) ; c'est un parallèle d'idées qu'il a prétendu instituer.
1 Ed. Berth, dans la brochure citée, p. 64.
2 C'est ainsi, on le sait, que se sont quelquefois désignés les collaborateurs de M. Lagardelle au *Mouvement socialiste*.
3 Voir les *Réflexions sur la Violence*, de G. Sorel.
4 P. 326.

gales, et le progrès des mœurs, qui ne permet pas que la violence, eût-elle cent fois raison, l'emporte sur la loi, celle-ci ne servit-elle que de palliatif à la fraude [1] » ? De quel dédain magnifique, s'ils les trouvaient sous la plume de quelque solidariste d'aujourd'hui, les philosophes du syndicalisme n'accableraient-ils pas ces lignes !

Mais qu'on ne nous dise pas qu'elles détonnent dans l'œuvre de Proudhon. Elles sont parfaitement d'accord avec sa pensée directrice, qui n'est à aucun degré, dans la Capacité pas plus qu'ailleurs, de déchaîner la guerre entre les classes. Contre toute tentative de ce genre, il persiste à protester avec indignation. Il demande que la collectivité travailleuse s'isole pour dégager son idée propre : il ne veut pas qu'elle se rue sous prétexte d'agir. Il se garde d'enseigner la haine ou le mépris des classes moyennes aux ouvriers qu'il exhorte à l'association ; bien plutôt les inciterait-il à préparer cette fusion avec elles qui n'a pas cessé d'être un de ses rêves [2].

Pour couvrir de son autorité les mots d'ordre combatifs qu'on adresse aux producteurs confédérés, on nous rappelle ses hymnes à la guerre, on nous avertit qu'un pacifisme bêlant lui eût souverainement répugné. On oublie d'ajouter que l'auteur de la Guerre et la Paix distingue des phases, et que, pour lui, lorsque les problèmes économiques sont en jeu, la guerre n'est plus de mise [3]. Par définition, elle est ici impuissante, inconséquente. Or la guerre sociale ne serait-elle pas, par définition, une guerre à mobile économique ? Le blâme de Proudhon retombe donc sur elle de tout son poids. Elle aussi s'acharnerait à résoudre, par des moyens inadéquats, des questions qui la dépassent. Elle aussi serait anachronisme et contre-sens.

Insistera-t-on en rappelant que Proudhon célèbre avec lyrisme l'ère des « luttes industrielles », qui vont remplacer les luttes militaires, et qu'ainsi le travail n'est à ses yeux que le succédané de la guerre [4] ? - Il est vrai ; mais n'oublions pas d'ajouter que les luttes auxquelles il songe ici ne sont nullement les conflits provoqués par les grèves : c'est la libre concurrence commerciale qu'il a en vue. Sur ce point encore il se montre, bien plutôt que l'authentique

---

1 P. 326.
2 *Capacité*, p. 178, 185.
3 Voir plus haut, p. 288.
4 Voir Berth, brochure citée, p. 51 et suiv.

Célestin Bouglé

ancêtre du syndicalisme, le fidèle disciple des économistes. La concurrence, qui permet aux échangistes de mesurer leurs forces, avant d'établir d'un commun accord les conditions d'un contrat équitable, demeure à ses yeux la meilleure garantie des justes prix et des justes salaires [1]. Par ce souci s'explique la singulière attitude qu'il prend vis-à-vis du droit de coalition. Réfutant point par point les arguments d'Émile Olivier, Proudhon déclare anti-juridique, anti-économique, contraire à tout ordre et à toute société la loi qui reconnaît aux ouvriers la liberté de se coaliser pour refuser le travail. C'est à ses yeux une liberté subversive, qui tendrait à munir ceux qui en jouissent d'un véritable « pouvoir d'extorsion ». On demande pourquoi on ne permettrait pas à un groupe ce qu'on permet à un individu ? C'est que précisément la conclusion de l'unité à la collectivité n'est pas vraie : la force collective qui émane du groupement serait destructive de la concurrence [2]. Ne serions-nous pas en droit de dire que si Proudhon utilise ici sa sociologie, c'est proprement pour barrer la route au syndicalisme ?

On devine en tout cas qu'il eût refusé de s'en remettre les yeux fermés, en tout et pour tout, à l'association ouvrière. Certes, il en reconnaît la nécessité. Il ne peut pas ne pas voir que le progrès de la grande industrie développe des « puissances collectives » dont il faut bien subir la loi. Il y a des besognes que les individus séparés sont incapables de mener à bien. Il y a des cas où il est impossible de mesurer leurs apports en les distinguant les uns des autres. Force leur est alors d'exploiter en commun, de contracter en nom collectif. Des compagnies ouvrières doivent donc se former, qui seront, en même temps que des foyers de production, des foyers d'éducation incomparables. Qu'il soit bien entendu du moins qu'elles ne recevront de la collectivité aucun privilège, et qu'elles ne jouiront d'aucun monopole. Il importe qu'elles assurent à leurs membres de justes garanties, non des bénéfices abusifs. Qu'elles restent donc soumises, elles aussi, à la loi de la libre concurrence : c'est le plus sûr moyen de faire servir leur force à l'avènement du régime de l'échange égal [3].

Par où l'on constate que Proudhon est bien loin de perdre de vue,

---

1 *Capacité*, p. 334, 340.
2 Id., p. 331 et suiv.
3 Voir en particulier le chapitre XIII de la 2e partie.

dans la Capacité, son idéal « d'expert en écritures de commerce [1] ».
Plus énergiquement que jamais, il s'élève contre les tendances communistes. Et, pour les mieux disqualifier, il s'acharne à démontrer
que, par le gouvernementalisme qu'elles impliquent, elles sont des
survivances d'un état d'esprit bourgeois. La classe ouvrière, elle, au
contraire, a horreur de l'État : même l'État-serviteur cher à Louis
Blanc ne lui dit rien qui vaille. Elle veut l'organisation de la justice
sans l'immixtion du pouvoir. N'est-ce pas dire qu'elle marche d'elle-
même sur le chemin du mutuellisme et du fédéralisme ? Suivant
ligne à ligne le *Manifesté des soixante* [2], Proudhon s'ingénie à y retrouver les thèmes généraux de la doctrine qu'il a parachevée. Les
signataires, eux aussi, ne prennent-ils pas pour mot d'ordre, « service pour service, produit pour produit, prêt pour prêt, crédit pour
crédit, caution pour caution [3] » ? Eux aussi ont compris que cette
loi du talion retournée, transportée du droit criminel au droit économique, est la plus sûre garantie de l'égalité dans la liberté. Eux
aussi sont donc prêts à faire vivre les institutions mères du mutuellisme : « assurances mutuelles, crédit mutuel, secours mutuels, enseignement mutuel, garanties réciproques de débouché, d'échange,
de travail, de bonne qualité et de juste prix des marchandises ».
Avoir les idées pour lesquelles il a lutté toute sa vie s'incarner ainsi dans une collectivité vivante et agissante, Proudhon, si las qu'il
soit, se laisse ressaisir d'une espérance enthousiaste.

Mais qu'il puisse, de cette manière, se mirer dans le *Manifeste
des soixante* et y retrouver sa doctrine, c'est déjà une présomp-
tion qu'il n'est pas possédé par cette foi mystique très particulière
que montrent de nos jours certains amateurs de syndicalisme. Ils
croient par-dessus tout à l'originalité créatrice des groupements
ouvriers. Ils paraissent en attendre, en même temps que l'institution de mœurs toutes nouvelles, l'invention d'idéologies inédites.
Tel n'est pas sans doute le point de vue de Proudhon. Ce qu'il dit du
groupement ouvrier dans *la Capacité* n'efface pas ce qu'il dit dans
la Justice des autres modes de groupement. *La* découverte des vérités sociales ne saurait être à ses yeux le monopole de la compagnie
industrielle. Elles se révèlent aussi bien à la compagnie savante et
à la compagnie artiste, à l'académie, à l'école, à la municipalité, au

1 *Capacité*, p. 152.
2 2e partie, chapitre III.
3 *Capacité*, p. 69.

Célestin Bouglé

jury [1] : partout en un mot où, selon les règles qu'il a formulées pour la mise au jour de la raison collective, une réunion d'hommes est formée « pour la décision des idées et la recherche du droit ». Le groupement des travailleurs est l'une de ces réunions, celle sans doute qui a le plus de chances aujourd'hui, étant donnée, la situation que l'histoire a faite aux serviteurs de l'industrie, de dégager les principes égalitaires et libérateurs. Mais d'autres veilleurs ont pu apercevoir, d'un autre sommet, ces mêmes lumières. Il existe, en d'autres termes, une raison collective. Le groupement ouvrier est un de ses organes, non son organe unique. Et les vérités auxquelles il est conduit par la vie sont celles-là mêmes que l'histoire devait tôt ou tard, par une voie ou une autre, remettre sous les yeux de l'humanité, - celles qui fixent, conformément à un plan éternel, les conditions de l'équilibre des libertés individuelles.

Ce que nous disons ici de l'idéologie devrait être répété, a fortiori, des mœurs et du genre de vie. C'est en ces matières, semble-t-il, que les partisans de la « nouvelle école » escomptent avec le plus de complaisance les puissances de renouvellement du syndicalisme. Mais dans cette direction encore, il est douteux que Proudhon les eût suivis. Il faut se souvenir qu'il s'est plu tout le long de sa carrière à se présenter comme un apologiste des classes moyennes. Nul sort ne lui paraît plus digne d'envie, ni plus propre à faire germer vertus civiques ou privées, que celui de l'homme à qui sa situation permet de posséder, en même temps qu'elle lui commande de travailler. N'a-t-il pas dit de la classe des propriétaires-travailleurs que « dans son sein vit et s'agite l'esprit de liberté », et qu'elle forme le « cœur et le cerveau de la nation [2] ? » Rien ne permet de conclure que dans la Capacité il soit revenu sur ces sympathies. Il déteste tout effort pour ameuter les ouvriers contre ces « affreux coalisés des classes moyennes », dont il rappelle les tribulations. Il s'efforcera de démontrer qu'entre les intérêts des salariés et ceux des petits propriétaires, il ne saurait y avoir antagonisme réel [3]. Il appellera de ses vœux la formation d'une conscience supérieure aux divisions des

---

1 Voir *La Justice, 7e Étude*, p. 133.
2 *La Révolution démontrée par le Coup d'État*, p. 233. M. Pirou rassemble un grand nombre de textes à l'appui de cette thèse (*Proudhonisme et syndicalisme révolutionnaire*, p. 337 et suiv.).
3 *Théorie de la Propriété*, p. 180.

classes [1] : préparant la « fusion » qu'il ne cesse au fond de souhaiter, elles permettront aussi la survie du type social qui reste le plus cher à Proudhon, et qui est bien - en ce sens particulier le verdict de Marx est acceptable - le type du « petit bourgeois ».

*

* *

Encore faut-il le bien entendre. Le petit bourgeois cher à Proudhon n'est à aucun degré, cela va de soi, le petit rentier ou le fonctionnaire. C'est peut-être l'artisan indépendant. Plus sûrement encore c'est le paysan propriétaire. De celui-là qui, sur son bien modeste, nourrit de son travail une robuste famille, Proudhon souhaite le sort et les vertus à tout le monde. Des images de liberté rurale peuplent jusqu'à la fin les rêves de l'ex-bouvier. Les progrès de la grande industrie, qui forcent les travailleurs à se concentrer autour des fabriques et à s'associer pour la production, lui paraissent achetés trop chèrement. Au fond, il reste de la lignée des physiocrates. Il est un fervent de l'agriculture. Une société de libres laboureurs eût été à ses yeux la société idéale.

C'est ce qu'il ne faut pas oublier si l'on veut comprendre les espérances auxquelles il s'abandonne dans son dernier ouvrage sur la Propriété.

Que Proudhon, dans ce testament, reprenne à son compte des thèses que dans ses premiers manifestes il déclarait inacceptables, et se porte au secours d'institutions qu'il jugeait alors inadmissibles, cela n'est pas douteux. Non qu'il ait nié, pour son coup d'essai, toute espèce de propriété privée : nous avons vu qu'il fallait rabattre de cette tradition [2]. Mais il n'autorisait alors que la possession, propriété précaire, soumise à toutes sortes de servitudes, et limitable, sinon révocable à merci. Quant à la propriété absolue, comportant le jus *utendi et abutendi,* il la repoussait de toutes ses forces, comme exclusive et envahissante. Or c'est justement cet absolutisme de la propriété que Proudhon prône dans son dernier ouvrage. Il entend qu'elle soit respectée dans ses abus mêmes. Il veut la sauver de toute immixtion intempestive. Il se déclare hautement pour *l'alleu* contre le *fief,* pour la propriété vraiment libre contre la possession précaire.

1 *Capacité,* p. 51.
2 Voir plus haut, p. 40 et suiv.

Célestin Bouglé

Des préoccupations d'ordre politique expliquent sans doute cette attitude nouvelle. En dépit d'une opinion accréditée, il est permis de soutenir que Proudhon, au fur et à mesure qu'il avance en âge, devient de plus en plus « anarchiste ». Du moins, les tristes expériences du siècle ont-elles accru sa défiance à l'égard de l'État, de toutes les formes de l'autorité, de tous les modes de centralisation. De plus en plus toute réglementation lui fait horreur ; il juge donc sage d'ôter tout prétexte aux mainmises du pouvoir. Une possession précaire ne lui laisserait-elle pas trop d'issues ouvertes ? À son absolutisme, il importe d'en opposer un autre, celui de l'individu roi sur son domaine. Michelet a raison [1] : il faut décidément accomplir le mariage du paysan avec la terre, et que désormais, entre sa terre et lui, personne ne puisse intervenir, pas plus qu'entre lui et sa femme. La propriété est le bouclier de la liberté. Le citoyen sera toujours prêt à tenir tête à l'État s'il s'appuie sur une chose toute à lui, sur une part inviolable et vraiment sacrée de la réalité. En ce sens, l'institution de la propriété quiritaire favorise les émancipations dont les sociétés ont le plus besoin ; elle est anti-unitaire, elle est fédéraliste, elle est républicaine, elle est, au sens le plus profond du mot, révolutionnaire [2].

Mais si Proudhon peut faire ce crédit à la propriété c'est que, en même temps que sa défiance à l'égard des interventions de l'État, s'est accrue sa confiance en l'organisation autonome de la société civile. S'il ne craint pas que le *jus utendi* redevienne exclusif et envahissant, c'est qu'il compte sur tout un réseau d'institutions mutualistes, destinées à protéger le cultivateur en même, temps qu'à gêner le spéculateur. Qu'on organise seulement une plus juste répartition de l'impôt et un fonctionnement plus économique des services publics, qu'on organise la quasi-gratuité et la réciprocité du crédit, l'on verra bientôt les cultivateurs, acharnés au travail, évincer en les remboursant les propriétaires oisifs. « L'expulsion du forain » deviendra une réalité. Le renouvellement du système circulatoire permettra d'universaliser en même temps que de mobiliser la propriété terrienne. Pour peu que règne enfin l'équité des échanges, il deviendra facile aux travailleurs d'acquérir en propre

---

1 Proudhon avait suivi les cours de Michelet et était entré en relations avec lui. On trouvera les lettres qu'il lui adressa au t. XIV de la *Correspondance,* dans *l'Appendice.*
2 *Théorie de la Propriété,* p. 126, 136, 138, 144.

tout ce qu'il faut de terre pour occuper et pour entretenir une famille [1]. Que demander de plus ? « Votre avenir, travailleurs, l'avenir de la patrie est là. »

Nous voyons ici reparaître, en dernière analyse, ces solutions banquières qui n'ont pas cessé de hanter la pensée de Proudhon, et qui tant de fois nous ont expliqué les partis où il s'arrête. Son socialisme est avant tout, a-t-on dit, un socialisme pour les paysans [2]. Mais ce socialisme pour les paysans reste foncièrement un socialisme de l'échange. Ce sont toujours ses rêves de comptable qui, en lui faisant entrevoir la possibilité d'une régénération spontanée de la Société délivrée de l'État, laissent à Proudhon l'espoir de réconcilier, en dehors de tout communisme, quel qu'il soit, « la *Marianne* des champs et la *Sociale* des cités [3] ».

*

* *

Lorsqu'il développe ces solutions dans les ouvrages qu'il rédige fiévreusement, à la veille de sa mort, Proudhon demeure-t-il fidèle aux principes philosophiques que nous l'avons vu adopter, après les tâtonnements de sa jeunesse ?

Sur un point, il nous avertit lui-même que, depuis le moment où il écrivait les *Contradictions économiques,* un changement notable s'est produit dans sa pensée. Il ne s'épuise plus à rechercher les synthèses des termes antithétiques. En cela, déclare-t-il, l'exemple de Hegel le fourvoyait. « L'antinomie ne se résout pas... Les deux termes dont elle se compose se balancent. » L'idée de la balance des forces, si puissante dans la Justice, a donc fini par prendre le pas dans l'esprit de Proudhon. Que des forces opposées demeurent affrontées, cela n'a rien qui doive nous effrayer, rien que de normal. N'est-ce pas ainsi que s'obtient l'équilibre ? C'est pourquoi l'on ne saurait s'étonner que, pour corriger l'absolutisme de l'État-tyran, Proudhon n'ait trouvé qu'un moyen pratique : lui opposer l'absolutisme de l'individu-propriétaire.

« C'est de l'opposition de ces absolus que jaillit le mouvement po-

---

1 *Théorie de la Propriété,* chap. VII.

2 C'est le sous-titre d'une thèse (P.-J. *Proudhon et la Propriété, 1910)* où M. Berthod établit très clairement la cohérence et le caractère positif des idées de Proudhon sur la propriété.

3 Ce sont es expressions qu'il emploie dans la *Capacité politique,* p. 18.

Célestin Bouglé

litique, la vie sociale, de même que de l'opposition de deux élec-
tricités contraires jaillit l'étincelle motrice lumineuse, vivifiante, la
foudre. » Faire vivre ensemble des principes inconciliables ? Mais,
à bien regarder, la science politique et économique n'a pas d'autre
objet [1]. Et en poursuivant cette tâche paradoxale elle ne fait qu'imi-
ter la nature elle-même. L'antinomie est la loi de la vie. Nous avons
vu que Proudhon ne craint pas d'utiliser chemin faisant, malgré les
équivoques qu'elle entraîne, la comparaison entre les sociétés et les
organismes. Le service final qu'il demandera à cette comparaison
sera de nous donner l'impression que le monde moral, comme le
monde physique, repose sur une pluralité d'éléments irréductibles
et antagoniques.

Dans la complication toujours en mouvement de la société,
écrit-il, « il se découvre une pensée, une vie intime collective qui
évolue en dehors des lois de la géométrie et de la mécanique ; qu'il
répugne d'assimiler au mouvement rapide, uniforme, infaillible
d'une cristallisation, dont la logique ordinaire, syllogistique, fataliste, unitaire est incapable de rendre compte, mais qui s'explique
merveilleusement à l'aide d'une philosophie plus large, admettant
dans un système la pluralité des principes, la lutte des éléments,
l'opposition des contraires [2]. »

Dans ces formules ultimes se montre à plein ce qu'on pourrait
appeler le polythéisme [3], ou le pluralisme de Proudhon, et qui est
comme la racine profonde de ses tendances économiques et politiques. Son culte secret est le culte des forces multiples, irréductibles les unes aux autres : leur indépendance réciproque demeure
à ses yeux la condition même de cet équilibre où tend obstinément
le progrès humain.

Il est remarquable qu'au moment même où Proudhon prend
conscience de cette vérité, il tient à en faire honneur à la raison
collective. Celle-ci reste à ses yeux l'oracle par excellence. Jusqu'au
bout il la fera parler. Des premières aux dernières pages de la *Théorie de la Propriété* [4] une antithèse est présente : aux déductions de
<u>la raison indivi</u>duelle, Proudhon oppose systématiquement les in-

1 *Théorie de la Propriété*, p. 187.
2 *Théorie de la Propriété*, p. 229.
3 L'expression dut être employée par les adversaires de Proudhon. il fait une allusion à ces polémiques à la page 213 de la *Théorie de la Propriété*.
4 Voir par exemple p. 77, 89, 99, 103, 126, 162, 207, 230.

tuitions de la raison impersonnelle. C'est ce qui lui permet de laisser entendre que, plus l'institution de la propriété absolue semble au premier abord inadmissible, incompréhensible, et comme il eût dit naguère, impossible, plus aussi il y a de chances pour qu'en son fond elle soit rationnelle, c'est-à-dire conforme aux exigences d'une logique supérieure. Il se complaît ici dans l'attitude qu'il prenait déjà devant le mystère de la guerre. Vous obstinez-vous à raisonner selon les principes et l'idéal du bon sens individuel ? Vous chercherez vainement, pour la propriété aussi bien que pour la guerre, des justifications plausibles.

On comprend dès lors que Proudhon puisse prétendre qu'il maintient, contre les défenseurs de la propriété, toute l'argumentation de ses premiers mémoires. C'est que ces imprudents défenseurs s'entêtaient à vouloir rendre compte d' « une conception de la raison collective avec les seules données de la raison individuelle [1] ». Par leurs considérations sur les droits du metteur en œuvre ou du premier occupant, ils pouvaient bien justifier la possession : rien de plus. Les raisons qui légitiment le *jus utendi et abutendi* sont plus haut placées. Pour apercevoir la fin, la vraie fonction de la propriété, « avec cette nature absolutiste, abusive, anarchique, rapace, libidineuse,... scandale des moralistes », il faut la « transporter dans le le système social », et comprendre quels contrepoids celui-ci exige pour son équilibre [2]. Alors, mais alors seulement on découvre qu'une sagesse suprême anime la spontanéité sociale, lorsqu'elle s'obstine à poser devant l'État, comme une borne infranchissable, le devoir de respecter l'absolu personnel.

*

* *

Il est beau que l'œuvre que nous étudions s'achève sur une démonstration pareille. Elle met parfaitement en lumière les deux tendances dont la lutte et l'accord sont la vie profonde de la pensée proudhonienne, et la rendent si difficile à classer : jusqu'au bout Proudhon reste sociologue, et jusqu'au bout individualiste. Jusqu'au bout encore il prétend justifier son individualisme par sa sociologie. Nul n'a eu un sens plus vif de la réalité et de la logique propres à l'être collectif. Nul non plus n'a été plus fermement atta-

---

1 *Théorie de la Propriété*, p. 99.
2 *Théorie de la Propriété*, p. 207.

Célestin Bouglé

ché au droit égal des individus. Un effort obstiné pour fonder ceci sur cela explique la complexité de ses théories, qui les expose à tant d'interprétations divergentes.

Dans l'histoire de cette pré-sociologie que constituent les systèmes des Bonald et des Saint-Simon, des Fourier et des Auguste Comte, sa place à part est marquée par cet audacieux programme : forcer la raison collective à consacrer le droit personnel.

Chapitre IX

ISBN : 978-1514266083

www.ingramcontent.com/pod-product-compliance
Lightning Source LLC
Chambersburg PA
CBHW071043290526

45795CB00004B/1293